A Foreign Mother's "Educational Mom" Declaration

外国人母の
教育ママ宣言

受験情報満載

張婧　許傳儒
CHOU SEI　KYO DENJYU

幻冬舎MC

外国人母の教育ママ宣言

── 受験情報満載 ──

はじめに

「お母さん、一回ひまわり組に入ってみませんか」先生は私の顔色を窺いながら、慎重に言葉を選んでこの一言を発しました。

ひまわり組は息子の小学校の特別支援学級です。

数秒間の沈黙がありました。

息子の担任は体育会系の若いイケメン先生でした。普段優しくて、明るいキャラで子供たちに好かれている方です。保護者の信頼も得られています。

しかし、言われた瞬間、急に先生の顔を見たくなくなりました。

喉に濡れたティッシュを詰め込まれたような感じで、うまく呼吸ができませんでした。

短い沈黙後、私は必死で先生に懇願しました。

「先生、もし授業中にまた自分の言動、感情をコントロールできなければ、廊下に立たせてください。何回でも大丈夫です。ただし、今のお友達たちと離れ離れにさせないでください。お願いします！」

まるでクビにされる寸前に、減給していいから、クビにしないでくれ！とひたすら願う実績が悪い営業マンのようです。

先生は慈悲に満ちた眼差しで私を眺め、「わかりました。また何かあったら、廊下に出してクールダウンさせてみましょう」と意を決したように返事をしました。

　息子が小学校２年生のときでした。

　息子は一体授業中に何をして先生をそこまで困らせたのでしょうか。

　例えば、先生が喋っている最中に、急に大きい声を出したり、先生の質問に手も上げずにふざける答えを出したりしていました。授業中集中できなくて、周りのお友達とよく喋ったり、感情をコントロールしづらく、怒りやすく、クラスメートとトラブルを起こしたりしました。

　毎日の授業で絶えず起こっていたことで、先生が耐えきれずに堪忍袋の緒を切らしたのだと思います。正直、先生の気持ちがわからなくはないです。

　その後、最初は毎日廊下に数回出され、それが毎日１、２回程度に変わりました。さらに毎日ではなく、週２、３回に変化し、やがて１年ほどをかけて、授業中の不適切な言動などがだいぶ落ち着きました。

　そのまま通常の学級で小学校を終えました。

　これがうちの子のスタート地点でした。

　もちろん何かとサポートが行き届いた特別支援学級で学ぶ

ほうがよいケースもあると思います。

　あなたがもしお子さんについてここまで悩んでいなければ、子供の可能性を否定せずに勉強させてください！　そして、自主的に勉強するノウハウを身につけさせましょう！

　なぜなら、将来どんな仕事に従事しても、自主的に学習する能力が不可欠だからです。特に今後の仕事はどんどん複雑化していきます。

　自分で自主的に勉強することは、生存の手段だと言っても過言ではないと思います。

*

　私はどこかの偉い教授でもありません。

　教育専門家でもありません。

　おまけに、日本人ではなく、大学以外の教育は母国の中国で受けていました。

　日本の教育システムについてほとんど頭が真白の状態からスタートしました。

　それなのに、なぜ教育について語ろうと思ったのでしょうか。

　息子が小学校３年生の２学期がそろそろ終わるころ、あるママ友から中学受験の情報を聞きました。

それまで、ただ普通に学校に通わせ、宿題が終われば万歳の日々でした。

　中学校、高校、さらに大学進学などの情報はほとんど耳に入らず、子供も何となく学校に通っているだけです。脳のどこかで子供の将来なんてめんどくさいことを考えるのを拒否していたのだと思います。

　健康であり、自由を謳歌し、昔みたいによく先生に呼び出されなければいいじゃないかと思っていました。

　それが、あのママ友のお話を聞いたのをきっかけに、日本の教育について調べ始めました。

　そして、息子に中学受験の道を選びました。別に中学受験しないとだめなわけではないです。ただ、子供には新しい段階に入るにあたり、新たな目標が必要です。2年生のときに、授業中感情をコントロールし、授業の秩序を乱さないことを目標とし、いろいろ工夫したように。

　小学校受験であれ、中学校受験であれ、ほとんどの場合、子供ではなく親の希望です。そして、子供に説明するとき、よく「あなたのためだから」と言い聞かせます。私もそうでした。ただ、子供の教育に真剣に直面したのち、今まで考えたことのない多くのことに気づきました。

　例えば、在日外国人の場合、たとえ日本語が堪能でも、日本の教育システムについてよくわからないことがあります。

まだまだ日本語を勉強中の親にとっては、教育に関する情報を収集することは至難の業です。公立小学校の先生でも、中学受験についての情報に疎くて、よくわかっていない先生が多いとも聞きます。また、普通に日本で暮らしている日本人でも、子供の教育について自分自身の経験、ママ友情報、およびインターネットに頼っているほうが多いとも言われます。さらに小学校受験、中学校受験の道を選んだご家庭でも、何となくいい教育を受けさせたい気持ちだけで険しい道に挑んでいる場合もあるようです。

　知り合いのＡさんの場合、来日10年以上経つとはいえ、大学附属中学校・高校の内部進学率は学校によって違うことを知らなくて、大学附属校に入れば、100％その大学に入れるなどと言っていました。たとえ内部進学率ほぼ100％の学校でも、大学進学のとき、必ず希望の学部に入れる保証なんてないのです。内部進学率が低い中高一貫校はなおさらです。

　また、友達のＢさんの場合、中学校であれ高校であれ、私立の学力は公立より高いとどこからか聞いてきました。だから一番偏差値が低い私立でもいいから子供に中学受験させて、公立を避けたいと言いました。そもそも偏差値だけで学校を選んでいいかという問題もありますが、偏差値が私立より高い公立高校は少なくありません。例えば首都圏の受験に自校作成問題を出すいくつかの高校、埼玉県立高校御三家などの

公立高校は多くの優秀な生徒の目標となっています。多くの私立に負けないほどの大学進学実績を出したりしています。

　この本は簡単に言えば、国立大学を含め、難関大学というゴールを見据えていろいろな情報を満載した本です。

　また、情報本ではなく、これらの情報をキーワードとして、多くの方に子供の教育に関心を持つように役立ててもらえればと思います。何となく学校に通わせるのではなく、明確な進学プランを事前に練って、今から情報収集と子供の未来の設計のために動くことを促す本です。

　私たちはなぜ難関大学にこだわるのでしょうか。一言で言えば、将来の選択肢を増やすためです。

　小さいころから明確な夢を持っている子供は少ないです。また夢はそのときどきでコロコロ変わります。うちの娘もそうです。最初の夢は「アニメの中で喋る人になりたい」というものでした。恐らく声優のことだと思われます。その夢のために年間26万円をかけて、キッズ声優養成所に行きましたが、半年で飽きてしまい、夢を変更しました。その後は、「恐竜の骨をほるおじさんになりたい」と言い出しました。とはいえ、恐竜の図鑑を読むとき、文字を読むのは面倒臭くて図だけを読んで、ほったらかしにしていました。今の夢は

「ドラえもんになること」です。ドラえもんを作ることではなく、なることですよ。どうやってこの夢を実現させるか、まだ模索中です。

　しかし、子供の夢のために時間、精力、金銭を長年燃やし続ける家庭はどれぐらいあるでしょうか。途中で子供が自ら諦めたり、飽きたりすることもあります。家庭の事情でこれ以上時間と金銭的な応援はできなくなることもあります。小さいころの特技を習い事として長年続け、最終的に夢を実現する子供は残念ながら、極めて少ないです。

　本命の夢はいつ現れるか、人によって違います。もし、今は明確な夢がなければ勉強しましょう。

　もし、今は夢はあるけれど、夢のために頑張る自信がさほどなければ、勉強しましょう。

　もし、将来はパン屋さんを開きたいなど、一見学歴とはさほど関連性がない職業が夢ならば、もっと勉強しましょう。パンを美味しく作れるだけでパン屋さんをうまく経営できるとは限らないからです。経営の知識が必要ですし、世の中のトレンドを知る必要もあります。途中でパン屋さんを開きたい夢がどんどんしぼんでいくリスクも十分考えられます。そんなときでも学力があれば別の道を選択できます。学問をすることが仕事の選択肢を広げることに役立つのです。

　この本は次のような人に向けて書きました。

- 日本の教育がよくわからない在日外国人の親御さん
- 子供の将来に不安を感じている人
- 今子供がまだ幼いが、小学校受験、中学校受験するかどうか悩む人
- 塾が多すぎて、よくわからない人
- うちの子は難関大学など無理だろうと思う人
- 中学校受験したいが、どこからスタートすべきかわからない人
- 受験のために、最低限持たなければいけない情報が何かわからない人
- 子供の教育に興味を持っているが、どこから考えればいいか、よくわからない人

　以上の項目の一つでも当てはまれば、ぜひ手に取ってページを捲ってみてください。もしかしたら、いくばくかの役に立つかもしれません。

目次

第1章 | 保育園と幼稚園、
認定こども園の違いと小学校受験

子供が小学校へ入学する前、保育園、幼稚園へ通わせることが多いと思います。その他に認定こども園もあります。多くの保護者は自宅からの距離や自分たちの仕事の時間などを考えて、それぞれにふさわしいところを選ぶでしょうが、どういった違いがあるのでしょうか。それぞれのメリット・デメリットを知って、よりよい選択の参考にしていただければ、と思います。

＊

1　保育園、幼稚園、認定こども園とは？

保育園は、一言で言えば、働く親に代わって保育を行うところです。

● 児童福祉法による厚生福祉施設で、厚生労働省の管轄です。
● 対象年齢　　　：０歳〜小学校入学まで。
● 先生　　　　　：保育士免許を持っています。
● 給食　　　　　：あります。
● 費用　　　　　：世帯収入により自治体が決めます。
● 一日の保育時間：８時間を基準とします。
● 開いている日：カレンダー通りで夏休みなどはありません。

幼稚園は、小学校入学前の教育を行うところです。

- 学校教育法による教育施設で、文部科学省の管轄です。
- 対象年齢　　　　：３歳〜小学校入学まで。
- 先生　　　　　　：幼稚園教諭免許を持っています。
- 給食　　　　　　：任意（園によって違います）
- 費用　　　　　　：私立幼稚園は園により、公立幼稚園は市区町村によって変わります。
- 一日の教育時間：４時間を基準とします。ただし、園の方針によって延長保育があります。その場合は別途料金が発生します。
- 開いている日　　：春、夏、冬休みなど長い休みがあります。

　　認定こども園は、小学校に行く前の子供に関する教育と保育を、ともに提供しているところです。保育＋教育のイメージです。子供たちのために、厚生労働省と文部科学省が協力し、作り上げた施設です。

- 対象年齢　　　　：０歳〜小学校就学前（条件があります）
- 先生　　　　　　：保育士・幼稚園教諭免許両方を持っています。
- 給食　　　　　　：あります。
- 費用　　　　　　：市町村の決まりによります。園の内部で集めます。
- 開いている日：園によります。

また、認定こども園の対象となる子供は、次の三つにわかれます。

● 1号：園の判断で保育が認められた3歳〜5歳児で、保護者が直接園に申し込みます。

● 2号：保育の必要性を認められる3歳〜5歳児で、保護者は市町村に必要があるとして申し込みます。

● 3号：保育の必要性を認められる0歳〜2歳児で、保護者は市町村に必要があるとして申し込みます。

　少子化対策などによって今後もいろいろ変わるかと思います。前述の内容をキーワードにして、必要なときに最新情報を調べてみてください。

　よくある悩みは保育園と幼稚園ではどっちがよいかというものです。

　前述の特徴に加えて、保育園の最大の目的は健やかな保育で、幼稚園の最大の目的は幼児教育です。どちらに主眼を置くかです。

　預けられる時間と日数から見れば、保育園が断然有利です。まさに働くママの味方です。

　ただ、どうしても教育と保育を両立したい場合、近くに認定こども園がないか確認したほうがいいと思います。ない場合は、幼稚園の時間延長制度をうまく利用する手もあります。

なお、幼稚園によって教育方針が大きく異なる場合もあります。園の教育方針とそれぞれの家庭の教育方針が一致しているかどうか確認が必要です。

2　幼稚園の申し込み方法

幼稚園はまず見学会・説明会に参加しましょう。

いきなり子供を幼稚園に入れるのではなく、必ず見学したり説明会に参加したりして、園の様子を自ら確認しましょう。気になるところを質問し、目で確認することが大事です。例えば、先生方の髪色、子供に対する仕草、言葉遣い、教育方針などです。ご家庭とは大きいズレがないでしょうか。

次は必要書類をもらうことです。

直接幼稚園からもらうところ、市区町村の窓口からもらうところ、インターネットからダウンロードするところがあります。わからなければ、幼稚園に直接聞くといいです。

ここから道を二つにわけて考えてみます。一つは、楽しく園生活を送って、地元の小学校に入ること。もう一つは、小学校受験をすることです。主流は公立の学区内小学校に入ることで、多くのご家庭の自然な選択です。小学校受験は今のところ少数派で、誰でも気軽に検討できることではありませ

ん。思った以上に大変かもしれないです。

　小学校受験の道を選んだご家庭は本当にすごいと思います。点数で勝負する大学受験とは違い、さまざまな方面で家庭と学校の相性を検定されます。受験するのは決して子供だけではなく、家庭単位です。子供は家庭の代理人として登場します。

　本当に家族全員を動員する大仕事です。親の学歴が高くて、教育熱心のご家庭が多いです。世帯収入はこの道を検討するかどうかの重要ポイントの一つになります。私立なら公立よりずっとお金がかかるからです。

　そもそもなぜ小学校を受験させるのでしょうか。そのことについていろいろ調べました。

　ひと昔前は、お金持ちが選択するというイメージでしたが、近年普通の家庭も検討することが多くなってきました。一回小学校受験を選べば、地元の学区内の中学校に入る可能性がほぼゼロになるでしょう。私立の小学校に入れば、中学校も高校も私立を選ぶことは普通の流れになります。そして、私立大学と国立大学の数の割合から考えれば、大学も私立の可能性が高いでしょう。ただ、偏差値が高い学校で高校まであるところは、国立大学に行くケースも結構あるかもしれません。

富裕層であれば別に深く考えなくてもいいですが、一般的なご家庭であれば、大学までの費用をぜひ一回算出してみてください。うちの近くにちょうど評判のいい私立小学校があるからと安易に考えないほうがいいかと思います。

　学費だけではなく、小学校受験、中学校受験および大学受験のための塾の月謝、寄付金も加算すべきかと思います。名門大学の附属小学校に入ったらもう受験生活から脱出し、塾なんて通わなくていいと思うかもしれないですが、いろんなシチュエーションを想定したほうが客観的に物事を考えられるかと思います。

　私立小学校に入れば学校の勉強だけで中学校受験にも対応できるとか、大学附属小学校に入れば中学校、高校、大学にストレートに進学できる、という話を聞いたことがありますが、ただの都市伝説です。興味があれば、私立小学校と公立小学校の子供の塾通い率はどちらが高いかを調べてみてください。小学校から直接中学校に行ける私立学校もあれば、一部の生徒しか進学できない学校もあります。

　内部進学率というものが存在しています。学校によって全然違いますし、たとえ小中一貫校で100％の内部進学率でも、いざ高校となると推薦枠に入れなかったり、別の高校に行きたくなる可能性も十分考えられます。附属小学校に入ったから大学まですんなりと進学できるだろうという考えはや

めたほうがいいです。子供に保険をかけたい気持ちは十分理解できますが、本当にそこまで必要か、よく考えることです。

　後で楽をするために小学校受験の道を選ぶことは、逆に自らの首を絞めることになるかもしれません。本気で子供に優れた教育環境で生き生き成長してほしいなら、その小学校の教育方針や理念に注目しましょう。同じ私立小学校とはいえ、進学実績を重視し、英検（実用英語技能検定）や漢検（日本漢字能力検定）などの資格を積極的に子供たちにとってもらう学校もあれば、のびのびして五感を楽しみながら大自然とたっぷり触れ合うことを大切にする学校もあります。

　一体何のために小学校受験するかをじっくり考えた上、判断しましょう。そしていざ決めたら、よそ見をせずに家族一丸となって前向きに進みましょう。

3　小学校受験に向けての準備と塾選び

　小学校受験の準備として、まだ幼いころからいろんなことをしなければなりません。単純な筆記試験ではなく、さまざまな検定科目があるからです。

　例えば、

●ペーパーテスト（筆記試験）

● 行動観察

● 運動

● 製作などの課題

● 口頭設問

● 面接（子供のみ・親子）

などです。

　学校によって入試内容も違ったりします。前述したすべての内容を出されるわけではありません。例えば中学受験から大学受験まで一番重視されている筆記試験ですが、一部の小学校の入試にはありません。検定科目と出題傾向から、学校側がどんな子供に来てほしいか、ある程度わかります。

　これらの馴染みのない検定科目は家庭で何とかするのは難しいので、小学校受験を専門としている塾に子供を通わせるのが普通です。

　小学校受験の塾選びですが、もし保護者が小学校受験にそれほど詳しくなく、志望校も決めていなければ、大手塾を選んだほうが無難です。大手塾は総合能力が強いからです。

　大手塾に共通するのは情報力、経験値、提案力などが強いことです。ただ、大手とはいえ、それぞれの個性があります。例えば私立に強い塾もあれば、国立に強い塾もあります。比較的厳しく指導する塾もあれば、子供の個性と性格に合わせ

た指導が得意な塾もあります。もし志望校をすでに決めた場合、その志望校に強い中小塾も検討リストに入れるといいと思います。

　小学校受験の割合は学区内の小学校にそのまま進学する割合と比べるとかなり少ないのが現状です。よって、小学校受験専門塾の数もかなり限られています。場合によっては、引っ越さないと小学校受験ができないケースも珍しくありません。高校受験の塾選びと比べると選択肢は少なく、行ける塾はせいぜい１、２校しかないこともあります。

第2章 | 小学校について

子供が小学校に行く年齢になると、その多くは公立に通うことになるでしょう。ですが、都市部では国公立の附属校や私立校を選ぶケースもあります。それぞれどのような特徴があるか、できるだけ具体的に記したいと思います。

1　公立小学校について

　ほとんどのご家庭にとって、公立小学校に行くのは自然な流れでしょう。公立の小学校について思うことを述べたいと思います。次の三つです。

● 学習の量と深さ

● いじめなどのトラブル

● 特別支援学級

　私は中国西安の出身です。日本では西安の知名度は北京や上海ほどではないです。「西安ってどこ？」と聞かれることも少なくありません。ただ、昔の長安ですと言えば、たいていの日本人が「知ってます！　有名ですね！　兵馬俑があるところね」と急にテンションが高くなります。誰でも中学の社会で習ったことがある外国の地名を聞いたら、親しみが湧

くと思います。

　小さいころ、その西安の南郊外に住んでいて、小さい街の小規模な公立小学校に通っていました。

　子供たちも公立小学校に通わせられるのに疑問を覚えませんでした。子供は学校に行って、帰ってくると宿題をして、遊んで寝る日々でした。

　転機はとある日の午後、訪れました。息子がそろそろ3年生を終えようかというころです。私は当時地元の携帯ショップに勤務していました。そこへ近くのコンビニでアルバイトをしている中国人ママが来ました。料金プランを見直ししてほしいというご要望で、10分もかからないで、月々の基本料を安くしたプランを提案し、プラン変更をしました。

　その後、子供の話をし始めました。うちでは子供の教育を完全に学校任せでほったらかし状態だと話したら、すごく大きい声で「ダメだよ！」と叫びました。その後、30分ほど熱心に説教されました。同僚全員は私がクレーマーのお客さんに当たったと勘違いし、同情的な目で私を何回もチラチラ見ていました。

　説教の内容は小学校の授業は簡単すぎだし、今教育に疎いと中学校に入った後子供がかなり苦労するし、将来も不安だらけだ、などなどです。

　その日、家に帰り、笑い話として夫にこの大袈裟な教育マ

マの話をしました。笑い飛ばしはしたのですが、そのうちやはり気になってきました。一番気になるのは小学校の授業が簡単すぎるという一言です。

　恥ずかしながら、当時長男の勉強について全く関心を持っていませんでした。そもそも先生に特別支援学級を提案された以上、勉強どうのこうのどころか、学校で平和に過ごせば万々歳でした。宿題も普通にやっているし、学校のテストもほとんど80点前後なので大丈夫だろうと気楽に考えていました。けれども、昼間の教育ママの話は私の心に心配の種を蒔いたようでした。その日の夜に長男のランドセルを開けて、学校の学習内容を確認し始めました。

　まっさきに手に取ったのは国語でした。正直国語の内容が簡単かどうかわかりませんでした。きれいな文章でかわいいイラスト、とても良い感じでした。安心してテキストをランドセルに戻しました。

　次に算数のテキストを取り出しました。息子の落書きを追いながら、学んでいる単元まで辿り着きました。第一印象としては教科書のクオリティが高くて、子供たちの興味を誘うことにかなり工夫しているように見えました。けれども具体的な内容を読んでいくと、教育ママが簡単すぎると言った意味がわかりました。単刀直入に言うと進度が遅くて浅いと感じられました。

翌日、息子が学校から帰ってきてから、授業の様子と宿題につきいろいろヒヤリングし、気になる点をいくつかまとめてみました。

● 算数の宿題（演習）の量が少ないこと
● 宿題の問題のレベルが一定すぎること
● 国語の宿題は漢字練習しかないこと
● 作文の授業と宿題がないこと

です。

　長男は３年生が終わるまでずっと学童保育に行っていました。ほとんどの宿題も学童で終わらせました。宿題がどのぐらいあるかも、時間がどれぐらいかかるかも私にはわからなかったです。そこで一回測ってみたら、息子は算数の宿題プリントは数分で終わらせました。ただそれは全部同じレベル、同じ型の計算問題でした。変化球はないです。学校の宿題は例外なく、全部基本問題でパターンもつまらないほどシンプルです。
　中学受験の子は塾で先取り学習したり、いろんなバリエーションの難しい問題に挑戦したりします。それはそれでよいです。確かに近年、中学受験は過熱していると言われていますが、それでも中学受験をしないご家庭のほうが主流です。もし小学校で宿題を学校のものだけに頼れば、中学校に入っ

たら、学習の量と難しさにびっくりするでしょう。おまけに、3年後に高校入試の壁がそびえています。少しでも偏差値の高い高校を目標にしたければ、小学校のときに宿題だけに頼らないほうがいいと思います。本屋さんでドリルを買ったり、通信教育を選んだり、塾に通わせたりする方法があります。どの道を選んでも大事なのは計画的に継続することだと思います。

　国語の宿題を見てみましょう。国語の宿題は漢字練習以外ほとんどありません。「文の作り」「長文読解」「文法関連」および「作文」の宿題はないことが多いです。算数もほとんど計算に寄っています。少し複雑な図形の面積や植木算や鶴亀算は意図的に避けているように見えます。

　他の日本人ママ友から聞いた話ですが、小学校の学習は生徒の平等に基軸をおいているとのことです。子供たちみんながわかるような内容でないと、一部の子供はついていけなくて、それは不公平でかわいそうなことだからだそうです。正直この見解は一般論なのか、それともこのお母さん個人の考えかわかりません。すべての生徒の学習のバランスを取るのは当たり前だと思いますが、行き過ぎると別の意味で不公平になるのではないでしょうか。

　たとえ学校の学習内容を最大限に簡単化したとしても、宿題をろくにやらない子も、テストの点数が芳しくない子も

どのクラスでも出ます。だからといってもっと簡単にしたほうがいいのでしょうか。物足りないと感じる子供にとっては不公平にならないでしょうか。

　中学受験をしないまでも、ハードルの高い高校を目指したい子供にとっては不公平にならないでしょうか。勉強に努力したいがご家庭の事情で塾に通えない子供にとっては、不公平にならないでしょうか。

　学校側が授業についていける生徒のことだけではなく、ついていけない生徒のことも考え、バランスよく授業を行う必要があることは理解しています。しかし、現行の学習の量と質はほとんどの生徒にとって物足りないと思います。

　危機感を煽って大量のドリルを買ってもらったり、大至急塾情報を検索してもらうことがここの狙いではないです。ただ、この本を機に子供の将来を考えるきっかけを作りたいだけです。例えば、近くにそこそこいい高校があったとします。子供にできれば入ってほしいなぁと思えば、小学校でできることはないでしょうか。私は、小学校で勉強の習慣を身につけ、自分で勉強を計画的に進めることができれば、中学校に入ったらだいぶ楽になるのではないかと思います。

　ただ、それは独学では容易ではありません。学校の宿題をこなすだけではなかなか実現しにくいかと思います。参考書

なり通信教育なり塾なりを、子供と一緒に探したほうがいいのではないでしょうか。

　話は少し逸れますが、よく子供の個性を大事にしなきゃと主張している大人がいます。世の中で、どんなに大変でも改善策を探りながら自ら頑張り続けることも個性ではないでしょうか。

　小さいころ、私は子供の仕事は遊びだと思っていました。母は立派な学歴はなく小さい店を経営していました。おまけに勉強ができなくても世間で大成功した成功論に惹かれ、私は自分も勉強しなくても将来なんとかなると思っていました。勉強に頑張っている友達を見てかわいそうだなぁと思っていました。しかし、大人の世界では通用しませんでした。頑張り続けることが、生き抜いていく上でどれだけ重要なことかとしみじみ感じました。学歴がなくても成功を手にした人々は、学力とは別なところで努力や工夫や苦労をしていたことが目に入っていませんでした。

　中高一貫校に進学する子供は今のところ少数派です。ほとんどの子供が地元中に入ります。そして高校受験と直面します。日本では高校への進学率は97％を超えています。世界の

中でも高いと思います。参考程度に中国の高校進学率を見てみましょう。2020年度、普通高校の進学率は約57%（中華人民共和国教育部『2020年教育データ統計』より）です。とはいえ、20年前の30%未満よりかなり多くなってきました。原因はいろいろあります。一つは大学の定員数が限られていることです。その競争の激しさにはゾッとします。

　日本の高校は義務教育ではないとはいえ、数字から見れば当たり前の流れとなっています。でも高校であれば、どこでもいいのでしょうか。やはり普通のご家庭にとっては、少しでも偏差値が高くて、教育環境を整えている学校がいいと思われるのは当然です。

　ここで急に高校の話を切り出したのは、小学校の学力、勉強習慣、学習のスケジュール管理などが高校受験に直接影響するからです。簡単な宿題と学習内容ばかりに慣れていたのが、中学校に入って急に複雑な局面と対峙しなければいけなくなります。例えば、数学の場合、概念自体はそんなに理解しづらくないですが、問題はその簡単そうな概念で、複雑な問題を解かなければいけないことです。小学校ではシンプルな問題ばかりと出会っていたのに、中学校に入ったら急に複雑な思考回路に慣れることができるかという問題です。マイナスについて学ぶとき、3－（－4）みたいな単純な問題であれば、小学校で養う思考法でなんとかやりくりできます。

けれどももっと式を複雑にしたり、他の単元の知識を混合したり、応用編の文章問題になった場合、多くの生徒は困るでしょう。こういった「困ったこと」の積み重ねは学習のモチベーションを損なわせます。

　複雑そうに見える問題をバラバラにして根本を見極めて積み重ねていく能力、論理的に思考する能力、推理する能力、予想外の問題に対する処理能力はスポーツと同じで、訓練しなければ、上達しないと思います。この訓練は言い換えれば、演習のこととなります。サッカーやピアノの練習の原理と一緒です。

　面白いことに、例えば小学4年生で1日に2時間サッカーをし、ときどき週末に試合するとします。誰もかわいそうだと思わないでしょう。もし1日に2時間勉強し、ときどき週末にテストに参加するとしたら、なぜか「えぇ、かわいそう！まだ小学生なのに」と否定する人が意外と少なくないです。

　サッカーが得意な子供のバックヤードには何があるのでしょうか。その格好良い姿を支えているのは前述のいろんな能力だと思います。スポーツも、音楽も、勉強も辛抱強くコツコツと積み重ねる練習（演習）が必要です。そして、サッカーの練習と同じく学習をコツコツ積み重ねていくことも、大変格好良いと思います。よく「うちの子はサッカーが得意だが、勉強全然ダメ」だと主張している親がいます。私から

みれば、子供がただ勉強に関心度が低いだけです。スポーツや音楽が得意な子はいざ勉強に本気を出したら、半端じゃないほどのパワーが出せるはずです。

　勉強と勉強以外の習い事を対立的な関係ではなく、高い関連性があると考えています。東大生が小さいころ、勉強以外何もしなかったでしょうか。答えは「NO」です。もし雨の日でも猛暑でも、ほとんど毎日サッカーの練習を続けられれば、もう十分に勉強のできる子になれる素質を持っています。問題はどうやって勉強に本気を出させるかということです。

　小学校では子供をしっかりと守り、できるだけ複雑なことを避けて教えているように見えます。これも子供に対する過保護の一種ではないでしょうか。

　学校の先生方を非難しているわけではないです。先生も文部科学省の小学校学習指導要領に従い最善を尽くしています。何も非はないのです。文部科学省や学校に何か改善してほしいのではなく、現状に基づきながらも、そこに満足しないように、もう少し遠くに目を向けるように、もう少し子供たちの学習能力をアップさせるように努力すべきだと思います。とても現実的な話ですが、社会に出たら、どんな仕事でも学習能力が必要となります。「好きなことだけやって」では済まなくなります。

2　公立小学校の英語教育に思うこと

　もう一つ、日本の公立小学校教育で、消極的だと感じるところがあります。確かに学習は一生続けることですが、学校教育のゴールが大学だという認識が一般的です。そして、わが子により良い大学に行かせたい気持ちは親にとっては当たり前です。

　教え子が良い学校に入ったら、出身校の先生も誇りを感じるでしょう。特に近年、少子化とはいえ、教育熱がますます高まっています。大学入学共通テストも毎年慣例行事みたいにテレビで報道されます。社会的関心度はかなり高いでしょう。どう考えても日本は教育を物すごく重視している民族だと思います。

　一言でまとめれば、日本は教育を大事にし、そして大学受験は個人だけではなく、国家にとっても大事な人材確保のビッグイベントだと考えられます。

　さて、大学受験では、特に難関私立大学の入試では、一番重視されている科目が何か、ご存じでしょうか。

　それは英語だと思います！　その次は数学と国語です。学部にもよりますが、全体像から見て、なぜか英語が一番目立ちます。なぜこうなるのでしょうか。次の２点から見てみま

しょう。

● 大学受験の科目
● 英語で行われる授業

　国公立大学の受験科目が多い一方、私立大学の科目は３科目が基本です。３科目よりさらに少ない２か１科目の受験科目のところもあります。３科目であれ、２か１科目であれ、ほとんどの私立大学にとっては、英語は避けられない科目です。そして、受験科目は少ない割に、ハードルが高いです。例えば、GMARCHであれば英検で準１級以上とか、早慶だったらTOEFL iBTの点数は90〜100だと学校側にとっては好都合などです。なぜなら、英語力の高い生徒は大歓迎です。そして、偏差値が高い大学ほど、英語力にこだわりがある傾向があります。

　私は今から約20年前に日本に来ました。正直長い間、英語が日本の社会ではそこまで使われていないイメージがありました。言い換えれば、英語教育の関心度が低くて、重要視されていないというのが当時の実感でした。もちろん町中に英会話教室とか、英語スクールもありますが、英語ができないと何か支障があるとか、仕事探しに困るなどのイメージはあまりありませんでした。しかし、いろいろ調べた結果、先

ほど述べた入試英語だけではなく、英語で行われる授業が増えていることがわかりました。例えば、慶應義塾大学の経済学部、早稲田大学の社会科学部などです。

　要は英語が苦手であれば、一部の授業は受講しても理解できなくなります。最悪なのはその授業が選択授業ではなく、必修単位の場合です。英語ができないと、授業を受けるたびに仮死状態に入ります。

　私は来日して、日本語学校で２年間だけ日本語を学び、日本の大学に入学しました。最初の約１年間、先生が何を言っているのか全然理解できない日々でした。その辛さから解放されるためには必死で日本語を学ぶことしかなかったのです。英語も似ています。もし英語がうまくできなければ、場合によっては、先生の言葉は呪文のように聞こえ、かなりのストレスでしょう。とにかく、大学の立場から見れば、英語力が高い生徒が望ましいのは間違いないでしょう。

　ここが問題です。大学入試であれ、授業であれ、英語力を物すごく重視しているにもかかわらず、普通の公立小学校ではほとんど遊び程度で授業が行われています。恐らく英語を学問として教えるのではなく、英語を好きになってもらうことが目的となっていると考えられます。それなら大学入試もそこまで英語力にうるさくなくてもよいのでは、という話になってしまいますが、難関大学の場合、特に英語力にこだ

わっているのが現状です。

　要するに英語がとても重要なのに、なぜか小学校で英語教育の存在感が薄すぎると言いたいのです。まるで英語が好きでとても勉強したいという気持ちを恥ずかしくてなかなか出せないような感じです。正直、大学入試に英語力を求めているなら、小学校から英語にもう少し力を入れたらどうでしょうか。

　なぜ小学校から英語教育に力を入れたほうがいいかというと、大学受験のためだけではなく、小学生の驚異的な記憶力を活用しないと本当にもったいないからです。そこまでガツガツと勉強しなくても、何回か英語の文を読めば自然に覚える「体質」が小学生にはあり、本当に素晴らしいことです。小学校で少なくとも英検5級の単語量（約650語）と文法を身につければ、大学入試の英語対策のとき、もっと余裕が出てくるかと思います。「ええー、小学校から英語力どうのこうのなんて、子供たちかわいそう〜」と思う方もいると思います。でもそうでしょうか。例えば、世の中、私みたいなスポーツが苦手の人がいます。私は体育の授業が大嫌いでした。でも不思議と誰からもかわいそうと思われなかったです。

　小学校で英検準2級を取れ！　と極端なことを言っているわけではありません。実際多くの私立小学校は英語教育を物すごく重要視していて、小学校卒業までに3級、準2級レベルに達している子も珍しくないです。そこまでしなくてもい

いですが、せめて英検5級の力を持てば、中学に入った後少しでも余裕がもてるかと思っています、自信もつきます。

　文部科学省の現行学習指導要領により、公立小学校での英語活動は各学校の判断によって行われます。その際、「学校の実態に応じ、児童が外国語に触れたり、外国の生活や文化などに慣れ親しんだりするなど、小学校段階にふさわしい体験的な学習が行われるようにすること」とされています。この表現が面白いです。「外国語に触れたり」「慣れ親しんだり」「体験的」などの文言に注目してください。なぜか動物園のふれあいコーナーを思い出します。動物たちは弱くて脆いので、気をつけて接しましょう、のイメージです。

　文部科学省が平成17年度に行った英語教育に対する調査に対して、回答を寄せた小学校は135校あります。これらの小学校からは英語教育を実施したことによって、児童たちの英語に対する関心と意欲が高まったことや、スキル面で一定の成果があったとの報告が寄せられました。公立小学校では「英語活動」という文言になりますが、私立小学校の英語に関する調査のときは「英語教育」となります。「活動」と「教育」の言葉の重さの違いは私の気のせいではないと思います。「スキル面で一定の成果があった」という表現に注目してください。この成果とは何を指しているのでしょうか。勝手な推測ですが、英検合格の可能性が高いかと思います。

数年後の大学受験を見据えた準備でもあります。

　もう一つ、私立小学校では、英語を近年ますます一般的になったグローバル教育方針として掲げています。日本国内だけではなく、視野をもっと広くし、いろんな文化を理解するためにも、英語教育は公立小学校でもっと重要視すべきだと思います。

　うちは子供が二人いますが、どっちも英語の授業が好きで、楽しいと言っています。けれども学校側が、子供たちの英語好きの気持ちを損なわないように、読み書きなどの宿題を一切出さないことに、親として疑問に思っています。たとえ国語を学んでも漢字練習、音読ぐらいはしないと、いくら母国語とはいえ、読解力、語彙力などが身につきません。ましてや英語は外国の言葉です。動物園のふれあいコーナーで小動物を触るだけで、その動物についてどこまでわかるでしょうか。

　結論から言うと、公立小学校では子供たちに全員タブレットやパソコンを渡すより、もっと英語教育に力を入れたほうが良いと思います。タブレットやパソコンを買えないご家庭もありますが、少数派です。そして、電子機器がなくても普通の授業には支障がないですし、大学入試にも困らないです。しかし、英語教育が滞ると、後は大変でしょう。特に中学校に入ってから、遊び気分から系統的な学びモードにうまく切

り替えができない子供たちは自分の英語の成績にびっくりするでしょう。そもそも英単語を覚え、日々の暗記ができなければ、英語の成績は絶対上がらないのに、その意識がないです。英単語は筆記テストの元、文章を音読することはリスニングの元です。

　英語が大学入試ではかなり重んじられているのに、なぜか公立小学校では重視されていないようです。文部科学省に文句を言うより、親が自ら小学校で英語なんてあってもなくてもいいという考えから脱したほうがいいと思います。

　英語の重要性がおわかりになったでしょうか。だからといって英会話教室とか英語スクールに通ったほうがいいかといえば、正直その必要性は低いかと思います。

　実は英語を学習することは、子供たちの自立学習の種を蒔く最高のチャンスだと思います。英語は算数とは違います。算数だったら、１年生や幼児向けでもハイレベルの問題があります。例えば算数オリンピック、小学受験の筆記テストなどです。学校の授業とは深さが全然違います。ところが英語なら、小学校ではみな正真正銘の初級者です。一部英語の言語環境を整えている学校以外、みんなアルファベットや数字、動物、簡単な自己紹介からスタートです。小学校中高学年から道具を使って独学でできるはずです！

　ここで言っている道具とは、市販の参考書、アプリケー

ション、英語の絵本、SNSなどです。無理だと思う方も多い
かと思います。後ほど、小学校中高学年から、どうやって自
力で英語学習するか簡単に紹介します。単なるうちの経験で
すので、参考程度に捉えていただければと思います。

　まず英語に独学でチャレンジしてみることを強くお勧めし
ます。言語の習得以上に重要なのは、一人で学習する力だと
思うからです。そして、自主的に学習するノウハウは一生役
立ちます。

3　英語は自立学習のツールとしても有効

　まるで英語教育の代弁者みたいに記しましたが、英語だけ
ではなく、「作文」も同じです。前述のように、私立大学
受験では英語に次いで数学と国語が重要視されています。
　そして小論文も、各大学で重点が置かれています。その大
事な小論文は国語のジャンルに属していると考えられます。
私は小論文の前身は作文だと思います。大学受験のとき、急
に素晴らしい小論文を書けるようにはなれません。語彙力の
積み重ねだけではなく、積んだ語彙をうまくつなげる力も大
事です。そして、論理的な思考力に基づき、どうやって言葉
で表すかの能力は一朝一夕でできるものではないのです。

しかし、公立小学校では作文の練習は本当に乏しいと感じます。せっかく学んだ語彙を生かす一番のシーンは漢字テストのようです。もちろん、漢字テストはとても重要です。そもそも覚えていなければ使いようがないです。そして、語彙力は読書にも非常に役立ちます。しかし、言葉を覚えたり、読書したりすることは全部インプットで、アウトプットしなければ本当にもったいないです。もし普段我々が美味しいものに対して「おいしい」、かわいいものに対して「かわいい」としか言えないのならば、恐らく小さいころ学んだ言葉をアウトプットする練習が足りていないのだと思います。

　その語彙をアウトプットする方法の一つは作文を書くことです。学校から作文コンテストのお知らせを確かもらったことがあります。普段全然作文を書かない子供にとってはやる気を起こさせることはなかなか難しいです。

　学校で作文の指導にもっと力を入れるべきだと思います。小学校から作文に力を入れたり、重要性をアピールしたりすれば、大学受験の小論文に直面するとき、もっと余裕が出るかと思います。大学受験だけではなく、実は論理的な思考力を求める公立中高一貫校の適性検査でも、記述能力を問われます。この書く力は漢字の書き順を覚えただけではなかなかできない力で、思考力を語彙力で表す技です。普段から練習しておかないと、いきなりいい文章を書ける可能性はかなり

低いと思います。

　重複になりますが、こういった重要なノウハウは小学校で重要視されていないように見えます。もし、少しでも余裕があれば、ぜひお家で月一回でも作文を書かせてみましょう。

　私は当時、長男（5年生半ば）に小説を書かせました。最初はやはりイヤイヤでしたが、書いているうちに夢中になり、どうやら自分の思いを言葉で表す快感を感じたようです。確かにクオリティはイマイチでしたが、自分の考えをアピールできればよいではないですか。長男は中学受験したときの適性検査の記述問題であれ、中学校に入った後の長い読書感想文であれ、苦にならずに楽しんでいます。

　中学受験と高校受験の記述問題、大学入試の小論文、大学を卒業するときの卒業論文など、日本人は書くことが好きでそれを重視しているようです。しかし、小学校では、なぜか子供たちに書かせるチャンスが少ないです。

　もちろん、英語であれ、作文であれ、入試だけのために取り組むのは面白くもないですし、抵抗を覚えるリスクが十分考えられます。しかし、たとえ入試がなくても、英語は世界を広げる武器、作文は自分の心を広げる有力な武器となるのではないでしょうか。

　ところで、英語の学習より更に重要なのは、自主的に学習

する能力が芽生えることです。英語はその自立学習の能力を身につけるための媒体として最適だと思います。たとえこどもを英語スクールに通わせられなくても、英語の初級レベルを独学で完全制覇できるくらいになれば、他の科目も自立して学習することができるようになります。

　そう言うと、まるで私は英語のプロ教師みたいですが、実は私の英語レベルはかなり低く、英文法や発音などを子供たちに教えることすらできないです。中国人は英語に強そうなイメージがあるかもしれません。確かに英語に強い人もいますが、私のように英語力が皆無に近い人ももちろんいます。そもそも小さいころ勉強に興味がなかったのです。楽な道を選んだばかりにいつしか逃げ道がなくなり、現実の壁は越えられなくなるほど高くなったことに気づきました。選択できる道も狭くなり、かなり苦労しました。

　私みたいに英語が苦手なママたちがきっといます。そのため自分の苦手分野であれば、どうしてもプロに任せたがります。もちろん、金銭面も十分で、子供も楽しく英語スクールを満喫できれば問題ないです。プロに任せることは賢明な選択です。ただ、英語に限っては、あえて一生懸命生徒に教えるスクールは避けたほうがいいと考えています。英語は自分で繰り返し、アウトプットしないとどうしてもうまくいかない科目だと思うからです。生徒が主役でないと意味がない

のです。

　また、英語の独学をする前に先にメインのテーマを決めることをお勧めします。要は目標を明確化することです。そして、多忙な小学生にとっては、その目標がシンプルであればあるほどほど達成しやすいと思います。

　例えば、「英検5級合格」、「生活英会話」などを目標とします。特に進学塾に行ったり習い事に通っている余裕のない子供に、英検もとってほしい、ペラペラと外国人と喋ってほしい、英語の本も読めるようになってほしいなどと欲張ってしまうと、大変なことになります。もちろん全能が一番理想ですが、冷静に考えれば日本人でも日本語を話す表現力が高い人もいれば、書くことが上手な人もいます。全能な人はやはり少ないです。

　将来大学進学に関係性が高いのは英検ですので、ここで英検3級を目標とする場合の、独学プランの一例を挙げてみます。

　子供が英語の学習を通して自立学習のノウハウを身につける過程で、親のポジションはマネージャーかチームリーダーくらいに置いたほうが妥当だと思います。考えてもみてください。歌手のマネージャーはみんな歌がうまく歌えないとだめでしょうか、そうでもないと思います。だから親は英語ができなくても全然大丈夫です。発音、単語、文法、解説など

全部インターネットや参考書などのコンテンツをうまく活用すればいいわけです。なお英語の場合、中学校からまた1からのスタートで勉強するため、独学をしていたときの穴埋めおよび文法などの復習のチャンスとなります。

　早速スケジュールを作ってみましょう。準備期間を5ヶ月、学習時間を1週間に約2、3時間だと仮定してみます。

● **単語目標**：単語、熟語をテストまでに2〜3回覚えること（英検のための準備期間によって決めること）。

・**行動**　：1回目に単語の意味だけを覚えること。単語は約1350個あります。アプリを活用しましょう。目標は40日以内に完了することです。1350個もあるとはいっても、一部はすでに4級まで学んだ単語ですし、意味だけ覚えればいいので40日あれば余裕でいけるはずです。

　2回目は意味の復習とスペルとします。少し余裕を持って、60日間に設定します。一部の英検速攻法によっては、ほとんど選択問題なので、単語の意味だけ把握すれば問題がないだろうという意見がありますが、賛同しかねます。なぜかというと、英検のライティングに困るからです。長い目で見れば、この先かなり苦労するで

しょう。

・**ポイント**：当日覚えた単語の小テストを必ず行うことです。この小テストは弱点を知るのに非常に役立ちます。そして、間違えたところの復習とチェックを行うことです。そうすると、インプット、アウトプット、フィードバックの輪になります。3回目は残りの時間で単語の総復習をします。

●**文法目標**：3級取得に必須の文法の把握をします。例えば「現在完了形」「to不定詞、現在分詞、過去分詞」「比較形の応用」および4級文法の強化など。単語をどれぐらい覚えればいいか、どんな文法を理解しなければいけないかなどの全体像を把握することは目標を定めるのにとても重要なことです。ゴールがはっきりすればするほど頑張りやすいということです。

・**行動**：3級のテキストを用いて学習します。自分にとってわかりやすいものを選べば問題ないです。

・**ポイント1**：できれば例文を覚えてみること。

・**ポイント2**：理解しにくいところはWebをうまく利用すること。弱い部分だけ効率良く文法の解説動画で確認しましょう。

・ポイント3：テキストの関連問題を必ず解くこと。

● 演習目標：6回分の過去問を2周進みましょう。そして2
周目の正解率80%以上を目指しましょう。

・行動　　：本番から遡って2ヶ月前からスタートしましょ
う。週1〜2回のペースで大丈夫です。ダラダ
ラやらないで、時間を設定したりして、なるべ
く試験本番と近い環境で行いましょう。

・ポイント1：1周目の合格率が低くても構わないです。目
的は弱点を把握することです。

・ポイント2：間違えたところを必ず解説で確認し、理解し
たり覚えたりしましょう。よって、過去問題
集を選ぶとき、解説のわかりやすさおよび詳
しさを必ず確認しましょう。

● リスニング目標：3級相当の英語を聴いたら瞬時に日本語
に変換できるようにします。

・行動　　：3級相当の英語の文章を音読しましょう。たく
さん聴いて覚える方法もあるでしょうが、今の
ところ一番効果的な方法は音読です。最初に必
ず音声データを利用し一文一文を真似ることが
大事です。3級のリスニングであれば、複雑な

内容はまずないです。すごい推理力など今のところまだ必要ありません。簡単な内容を正しく理解すればいいわけです。正しく理解するには、最初から正しい発音を耳に慣れさせることが大事です。だから適当に読むことをお勧めしません。この作業はリスニングだけではなく、同時に2次試験の面接の対策にもなります。一石二鳥だと言っても過言ではないです。

もし、余力があれば、少し簡単な英語の物語本を読むといいでしょう。

以上に述べたのはただ英検独学のスケジュールの一例です。学習法ではありません。準備期間、集中力、他のスケジュールとの両立などいろいろと個人的な事情があるかと思います。重要なのは自ら行動しようと思う気持ちだと思います。

要するに、公立小学校の学習の量と深さは本当に基本中の基本をやっているだけで、とても十分だとは思えません。ただ、その反面、そうすることは自力で学習する習慣を身に付けるチャンスでもあります。そして、この学習習慣は数年後の大学受験だけではなく、将来の仕事にも役立つでしょう。

4　公立校でいじめなどのトラブルが起こったら？

　いじめなどの校内トラブルはとても大きい問題で、これだけで本を何冊も出せるくらいです。公立小学校だけではなく、どこの学校でもあり得る問題です。

　公立小学校の数、および児童数は私立や国立と比べると断然多いため、いじめ問題と直面する確率も自然と高くなります。

　そして、ここで言及しているいじめなどのトラブルは、あまり悪質ではないケースについてです。

　長男が1年生のときにも、友達にいじめられたことがあります。自分の経験を踏まえ、子供が学校でいじめられたら、こういう考え方もありますよと皆さんとシェアしたいと思います。

　なぜ攻略、対策ではなく、いきなり考え方を記すかというと、以下の理由によります。

　わが子がいじめられたら、親として怒ったり悲しくなったりするのは自然な感情です。正直、当時の私もそうでした。俄然、怒り、悲しみとともにすぐ学校に行って先生といじめっ子に責任を問いただしたいと思いました。けれどもそこをなんとかグッと我慢し、冷静に考える力を取り戻しました。冷静に考える気力があれば、問題解決のためにきっといい方

向にいくと思います。よって、子供がいじめられたなどのトラブルを知った後、すぐに何らかの行動をするのではなく、まずは冷静になるべきだと思います。

　冷静になった後、状況確認や次の対策を考えれば良いと思います。よほど悪質でなければ、なんとかできます。

　具体例を挙げてみましょう。

・場所：校内学童
・いじめの内容：高学年の生徒に罵られたり、叩かれたり、
　　　　　　　　蹴られたりする
・いじめがわかった時期：１年生の後半
・いじめがわかったきっかけ：長男の暴言の連発。長男がか
　　　　　　　　　　　　　　なり感情的になった。

　最初は、長男がいじめられたとは少しも考えませんでした。なぜかというと、まだ１年生で、しかも入学してそんなに経っていない時期だったので、いじめ問題がもしあるとしても、まだだいぶ先だろうと思っていたからです。
　ところが、長男の暴言が日に日にひどくなってきました。そして、吐いた暴言は確実に家から仕入れたものではないです。チャンスを掴んで聞いてみると、学童で当時３年生の男

の子二人にいじめられたそうです。息子だけではなく、もう一人の女の子もターゲットでした。具体的には高い頻度で叩かれたり、蹴られたり、暴言を吐かれたりしていました。そのため息子が溜まったストレスを家庭内部で爆発させていたのでした。

　子供の言動の変化を見て、ただ性格が悪い、無愛想、EQ（心の知能指数）が低い、不親切、協力性がない、反抗期だなどと、単純に分類できないときもあることを心がけていただいたほうがいいと思います。何かのサインかもしれないからです。

　前回のケースでは、息子の処理能力で何とかできる範囲を超えていますので、親と先生の助けが必要となります。こんなとき、親と先生の間のコミュニケーションはとても重要です。喧嘩腰とかクレームを言ってやるという勢いなら、先生方も防衛的な姿勢になりがちで、問題の解決には有効ではないと思います。とても難しいでしょうが、目的を持って先生とコミュニケーションをすべきだと思います。

　いくつかの例を挙げてみます。

「先生、息子ともう一人の女の子が、３年生の男の子二人にいじめられたそうです。この件につき何か気づいたり耳に入ったりしましたか」

この質問の目的は先生がこの件について全く知らないか、それとも知った上でなんとか誤魔化そうとしているのかを確かめることです。どっちの答えに転んでも先生の立場は弱くなります。

例えば、こんな著しいいじめに気づいていないとしたら、生徒をちゃんと見ているのでしょうか。先生の仕事ぶりに疑問が湧きます。

また、いじめだということに気づいていたのに、そして事態がどんどんひどくなったにもかかわらず、解決しようと思わない、あるいは解決したくてもできなかったという場合もまずいです。いずれにしても、うまく解決できない上に、親に連絡をしていないことは良くないです。

どちらのパターンに当ててみても、そのまま放置したら、いつか取り返しがつかない大問題になる可能性がないとは言えません。だから親のこの質問に対して、先生の立場が弱くなるのは想定内です。

先生に確認するとき、子供から得たすべての情報をそのままぶつけるのではなく、ざっくり言うだけで大丈夫です。先生がどれぐらいの状況を把握しているかをまずは確かめるためですから。

よくあるのは子供から聞いたこと、特にいじめられたシーンや子供の辛い気持ちを思い切りまくし立ててしまうことで

す。気持ちはすごくわかります。私も本当はそうしたかったです。ですがそうすると、先生の精力は謝罪と慰めに寄ってしまう傾向があり、自己防衛モードに入りがちです。自分の感情より、先生を問題解決の仲間にしたほうが解決には役立つかと思います。

　当時先生の答えは「いじめには気づいていました。ただあの子たちは言っても聞いてくれなくて、先生にもたまにひどい言い方をする子たちで、本当に難しいです」

　私はこう答えました。

「わかりました。それではいじめっ子の名前を教えてください。そして、どのようにいじめられたかを教えていただけますか」

　最初先生は相手の子供の名前を言いたくないようでした。そして、息子が家でどのようにいじめの状況を私に伝えたかを聞き返しました。

　私は先生に「実はもういじめっ子二人の名前といじめの内容を詳しく教えてもらいました。ただ、一方だけではなく、先生からもお話を聞かせていただき、ズレがないかと確認したいだけです。もちろん、うちの子の名前も向こうの親に伝えてくださって大丈夫です。むしろ、情報の共有のためにも、ぜひ伝えてください。

この質問の要点は二つあります。一つは、先生は事態をどれぐらい把握しているかを確かめること。もう一つは、息子が教えてくれた事情と比較し、ズレなどがないかを確かめることです。

「先生、今回のいじめ問題を解決できますでしょうか。もしご多忙で無理そうであれば、向こうの親御さんに直接ご連絡させていただきます。自分でなんとかします」

　言い方が悪いですが、これは先生にプレッシャーをかけるためです。先生の立場からすると、問題を解決したがるのは普通です。もし親同士で揉め事になってしまうと、問題が複雑になりがちです。そして、「問題を解決できますでしょうか」という聞き方は多少先生の処理能力に疑問を持つ聞き方で、先生のプライドにかかわる質問です。どう考えても、先生はとても「そうですね、こちらでは解決できそうもないから、親同士で解決をしてください」とは言い難いです。積極的に対応してくれるはずです。

「先生、具体的なプランがありますでしょうか。私はできることがあれば何だって協力します。とりあえずこのいじめを止めましょう」

　なぜこの場で先生に具体的な対策を聞くかというと、すぐにでも対策を考えるように促すためです。残念ながら、その場しのぎや多忙のため保護者が帰った後、先延ばしにする場

合があります。

　いじめ問題は放っておくと化け物になりうるにもかかわらず、何かあるまで軽視されがちです。

　たいていの場合、先生は状況把握や相談をして、親を帰らせることが多いでしょう。いつ連絡してもらえるかを必ず先生に確認しましょう。中間報告でも大丈夫です。

　学校での出来事、トラブルはいろいろあります。怪我、喧嘩、嫌なあだ名、授業中のふざけなど、素早く解決できることもありますし、いじめみたいに学校と家庭で力を合わせても、場合によって、時間がかかりそうなものもあります。

　前述の質問パターンは単なる一例です。何回も強調したように、いじめであれ、何であれ、トラブルが発生してしまったら、冷静に状況を整理し、学校側の仲間を増やし、論理的に思考した後、効率的に問題を解決しましょう。

5　特別支援学級は良いクラスだけれど……

　日本の公立学校では、特別支援学級を設置しているところが多いです。初めて特別支援学級を知ったとき、すごく感心しました。できる限り多くの子供に学校生活を楽しめるよう考えられた思いやりのあるクラスだと思います。とてもあり

がたい存在です。

　考えてみてください。受験で入る国立、私立小学校には特別支援学級を設置していないのが普通です。もし、公立小学校にもなければ、みんなと一緒に授業を受けることが難しい子供たちはどうしたらよいでしょう。近くに特別支援学校があればまだマシですが、遠ければ本当に困ります。

　特別支援学級について、ここで主に述べたいことは一点だけです。日本に来たばかりで、日本語力がほとんどない外国人の子供たちが特別支援学級に入るべきかどうかを慎重に判断すべきだということです。

　現状では、知的障害のない外国人の子供たちが特別支援学級に進んでいると思われます。文部科学省の『公立の小中学校の特別支援学級　在籍率』（2021年5月1日）の調査によると、日本語指導が必要な子供が5.1％、それ以外の子供は3.6％でした。言い換えれば、人数ではなく、割合で判断すれば、日本語の指導が必要な外国人の子供たちの中で、約20人に一人が特別支援学級に通っています。日本人の子供の約1.4倍です。かなり多い割合です。

　特別支援学級の対象となる子供たちは以下の通りです。「知的障害」「肢体不自由」「病弱・身体虚弱」「弱視」「難聴」「言語障害」「自閉症・情緒障害」（「障害のある児童生徒等に対する早期からの一貫した支援について」文部科学省通

知 2013 より）

　それでは、日本語能力が足りない場合は対象になるのでしょうか。調べてみたところ、現時点で対象外です。

　では、どういった判断基準で日本語力が足りない外国人の子供を特別支援学級に入れるよう勧めるのでしょうか。

　文部科学省のホームページで前述の七つの障害を一つずつ調べたところ、もしかしたら「知的障害」と「言語障害」のところで引っかかったのではないかと思います。

　「知的障害」および「言語障害」の定義について文部科学省はホームページでこう記しています。

　「知的障害とは、一般に、同年齢の子どもと比べて、『認知や言語などに関わる知的機能』の発達に遅れが認められ、『他人との意思の交換、日常生活や社会生活、安全、仕事、余暇利用などについての適応能力』も不十分であり、特別な支援や配慮が必要な状態とされています。また、その状態は、環境的・社会的条件で変わり得る可能性があるとも言われています」

　「言語障害とは、発音が不明瞭であったり、話し言葉のリズムがスムーズでなかったりするため、話し言葉によるコミュニケーションが円滑に進まない状況であること、また、そのため本人が引け目を感じるなど社会生活上不都合な状態であることをいいます」

専門医のところで診断してもらう際、医師や子供が使っている言語は恐らく日本語だと思います。子供の日本語があまり通じなければ、確かに「他人との意思交換」や「日常生活や社会生活などについての適応能力」の不十分に当たります。そして、発音が不明瞭などで、話し言葉によるコミュニケーションが円滑に進まない状況だと診断されやすいかと思います。専門医の先生でもなかなか判断しづらい状況です。

　日本語が理解できない外国人児童は本当に特別支援学級に入ったほうがよいでしょうか。私はそうは思いません。必要なのは日本語の補講だと思います。

　学校生活は学習塾と違い、知識の勉強だけではないのです。外国籍の子供にとっては、学校は日本という国の価値観を感じ、日本社会に自然に融合する場だと思います。私は20歳のとき日本に来てからかれこれ20年も経ちました。日本語には支障がないです。日本人の友達もいます。日本企業で働いたこともあります。しかし、日本社会に完全に溶け込むことはいまだできないです。2種類のアイデンティティーが共存しています。

　外国人の子供は母国から離れ、新しい環境に入ります。苦労したりストレスを覚えたりするでしょう。正直、一般クラスより特別扱いのクラスのほうが楽でしょう。少人数制だし、優しい先生ばかりだし、学校の成績も全然気にしなくていい

しと都合のいい話ばかりで、最初は居心地がいいでしょう。

しかし、特別支援学級に長くいると、日本語がだんだんわかってきてから、今度また普通のクラスに入ろうとしても入りづらい羽目になります。

外国人の子供を特別支援学級に入れるのは、ほとんどの場合、その場しのぎの対策だと考えられます。特に親も日本語でうまくコミュニケーションを取れない場合、どうしても学校側の提案に頼ることになりがちで、担任の先生が言葉の壁のため、指導を難しく感じた場合、特別支援学級は先生のレスキュー隊となります。

帰国子女が日本に戻ってきた場面を想像してみてください。たとえ子供が日本語を全く喋れなくても、特別支援学級に入るでしょうか。

だったらどうするかというと、単刀直入に言えば、子供を最初から普通のクラスに通わせ、逃げ道を作らないことです。たとえ日本語がわからなくても、勉強についていけなくても、友達がいなくても頑張ることがいい挑戦になります。子供というのは本当に言語の環境や生活環境に慣れるのが早いです。天才的だと言っても過言ではないです。特に言語の学習能力に関しては、大人は到底およびません。たとえ最初授業の内容を聞き取れなくても、言葉の壁を突破したら、少し勉強を頑張れば、小学校の内容なら短時間で成績アップが期待

できると想定できます。

　一番だめなのは諦めることです。言葉もわからない、勉強もついていけない、友達もほとんどいない……仕方ない、ついつい特別支援学級で様子を見ようかと決めることは諦めの一種だと思います。

　文部科学省の『外国人児童生徒の適応指導や日本語指導について』に以下のようにあります。

「学校においては、国際教室や日本語指導教室を設け、取り出し指導や補充的な指導、チーム・ティーチングによる指導など特別な指導形態を交えながら適応指導や日本語指導を行なっている」

　要は、国の政策として、日本語指導が必要な児童に対し、特別支援学級の対応ではなく、専任の先生による日本語指導を受けさせているということです。特別支援学級の指導要項は、おそらく日本語指導が必要な子供のための日本語指導とは別物のはずです。間違えないように気をつけましょう。

　本書の冒頭で言及した息子の件では、先生は真剣に特別支援学級を勧めてくれましたが、その原因は日本語力が足りないことではなく、前述の特別支援学級の対象になる「自閉症・情緒障害」だと判断されたことだと思われます。

6 　私立小学校について

　私立小学校は全国では約240校あります。数を聞いただけでは多いか少ないかイメージしにくいですね。結論から言うと少ないです。全国の小学校は2万校弱ですから、約1.2%の割合です。児童数も全国の小学生の人数の約1.3%に過ぎないのです。面白いことに、大学でみると日本の私立大学および生徒数は全体の8割を占めています。

　ひと昔前なら、私立小学校を選ぶご家庭は金銭的に余裕のある富裕層のイメージが強かったかと思います。しかし近年、時代の変化に伴い、多くの一般家庭も参戦してきました。その時代の変化の一つは夫婦共働き、もう一つは教育意識の上昇だと思われます。

　金銭面に関しては多くは言及しません。各家庭の事情があります。たとえ同じ年収の世帯でも、金銭的余裕があると感じる人もいれば、余裕がないと感じる人もいます。金銭の使い方によって大きく変化します。ただ一定の年収を超えたサラリーマンは多いでしょう。

　一般家庭の教育意識に関しては、近年ちょっとずつ上昇してきていると実感しています。その変化の元におそらく次のような不安があるかと思います。

● **公立小学校の学習進度と深度に対する不安**

● **教育環境に対する不安**

● **不登校、いじめ問題などの課題に対する不安**

● **将来の進学に対する不安**

　さまざまな不安が交錯する中、私立小学校を視野に入れた一般家庭が増えてきました。

　ただ、一つ勘違いしやすいことは、私立小学校に入ったら、その学校の内部で中学受験サポートがあり、学習塾に通わなくても普通に有名中学校に進学できると思うことです。大学附属小学校でも、100%の内部進学率とは限らないですし、外部の中学校を受験する場合、ほとんどのご家庭は進学塾を利用するでしょう。附属校でなければ、なおさらです。よって、単に中学受験を楽にしたい、中学受験の塾代を省きたいといった理由で私立小学校を選ぶ場合、ぜひ今一度考え直したほうがいいです。

　確かに私立小学校の学習の深度と進度は公立小学校より深くて早いです。とはいえ、中学受験の対策をせずに、中学受験に挑むのは無謀だと思います。特に目標校が偏差値の高い人気校の場合はなおさらです。

　結論から言うと、私立小学校に合格しても、将来の学歴の保証はできません。強いて言うと、私立小学校では受験準備

に対応する態度と意識が公立小学校より高くなり、将来の受験に有利になるということでしょう。

7　国立小学校について

　国立小学校はとても重要な役目を果たす特別な存在です。それは教員養成のことです。将来教員志望の大学生の研修所と言っても過言ではないです。とはいえ、将来の先生の卵はずっと担任の先生になるわけではなく、年に決まっている期間だけ教壇に立ち、実習することが通常です。それ以上に目を向けるべきことは、国立小学校に勤務している先生方は学校の生徒を教える以上の使命を担っているため、地域で選抜された精鋭教師ばかりということです。そうした優れた教育環境が選ばれる理由の一つになっています。また、大学での教育に関する研究を国立小学校の授業で取り入れる特色もあります。いわゆる実験校です。そして、その成果を公立小学校に提供する使命もあります。使命感が溢れる教育の第一線だと実感します。正直一度その授業を見学してみたいです。

　私立小学校と同じく、国立小学校ももし外部の中高一貫校に進学する場合、受験対策が必要となります。

私立小学校か公立小学校かを検討する場合の ToDo リストを挙げてみます。

１．通える範囲の小学校をリストアップする

　どんな小学校があるかをまず把握することです。たとえ第一希望はもうすでに決めた場合でも、第二希望、第三希望などの選定候補として、調べておいたほうが安心できます。

２．偏見と決めつけをいったん置いておいて、リストに入った小学校を全部調べてみましょう。

　偏った情報やあまりよく知らないためにご縁を切るなんて、もったいないです。

３．調べた上希望校リストを作成

　調べた志望校の特徴を紙に整理し可視化してみましょう。特に自分で一番気になるところを一層詳しく調べ、詳しく紙にまとめましょう。以下いくつかの例を出します。これらは参考程度ですから、それぞれオリジナルバージョンを作りましょう。

☑ 家からのアクセス
☑ 教育理念

- ☑ **教育方針**
- ☑ **教育特色**
- ☑ **内部進学率と基準**
- ☑ **学校の施設**
- ☑ **英語教育の特徴**
- ☑ **宗教の有無**
- ☑ **年間行事**

　家庭によって重視しているポイントが違います。例えば少し遠くても通わせたいと考える家庭もあれば、通学に○○分超えるなら、いくら素晴らしい学校でも見送ることもあります。英語を重視するか否かによって、英語教育の特徴にどれぐらい目を配るかを決めます。

　この中で特に重要なのは教育理念、方針および特色だと思います。そこに共感できるかどうかで判断するのが一番リスクが少ないです。私立小学校の学費は本当に安くはありません。高い学費と塾代を出し、電車で通学し、地元の公立小学校のお友達と疎遠になるなどの代償を払い、ただおしゃれな校舎を求めている親はさすがに少ないでしょう。

　ただ、理念やら方針やらは、通学距離や施設の充実度などと比べ、抽象的でわかりづらいです。こんなとき、ホームページから適当に目を通すことではなく、ぜひ遠慮せず

学校に問い合わせてみてください。聞き方はとてもシンプルで、国語の論説文の読み方とほぼ同じです。ここの抽象的な部分に対する具体例は一体何かと問うのです。例えば、「御校の○○という教育方針に非常に共感したのですが、日々の学校生活でどのように実践しているかを具体的に教えていただけますか」など。

　ただ、学校に直接問い合わせるのは事前にぜひしっかりと調べた上でのことにしましょう。学校案内にはっきりと書いてあることは聞かないほうがいいかと思います。

４．6年間にかかるざっくりの費用を試算すること　　　　（普通のご家庭の場合）

　ざっくりしすぎて、寄付金の計算漏れをしないように気をつけてください。なお、小学校に私立を選んだご家庭であれば、ほとんど地元の公立中学校に行かせるつもりはないと思います。であれば、外部の中学校を受験させる場合、進学塾の費用も加算したほうが確実かと思います。もしかしたら 1000 万円前後かかるかもしれません。6 年間で 1000 万円の教育資金は多いか少ないかご家庭次第です。通称の「お金持ち」でなければ今一度計算しましょう。

5. 試験（通称検査）の内容を事前に把握しましょう

　特に併願校の検査内容が共通してできる場合の対策とできない場合の対策の把握です。ほとんどの私立小学校は家庭単位で検査します。保護者は学校の教育方針を確認するだけではなく、学校側は子供たちの行動観察（検査の一つ）や、面接などを通し家庭の教育方針を確認します。お見合いのようなものです。互いに相手の詳しい状況を確認し、互いに納得した上で付き合います。

　小学受験は中学受験、高校受験と違い、学力至上ではないところに気をつけてください。前述のように、学校が見ているのは子供だけではなく、その子の育つ家庭環境、普段の家庭教育も重視しています。ペーパーテストばかりを対策するのは得策ではないです。

　余裕があれば、幼児塾の力を借りるといいでしょう。全体を通して体系的な対策ができますし、いろいろアドバイスもしてもらえます。例えば、あまり馴染みがない検査項目として、子供の行動観察、運動機能テスト、記憶、面接などがあります。たとえ同じ行動観察でも、各学校のテスト傾向は違います。おまけに本屋さんに行くと、ペーパーテストと面接対策に関する本はそこそこある割に、そのための検査項目の対策本はとても少ないです。よって、現状では幼児塾経由の小学受験が主流になっています。

6．幼児塾を探しましょう

　前述の幼児塾を頼るご家庭は少なくないです。検索すれば出てきます。ここでは具体的な塾名は挙げません。不安であれば知名度の高い名塾を選んだほうが無難かと思います。大手塾によるテスト対策、子供それぞれの性格分析などの総合的な実力は強いからです。ただ、塾によって強みは異なり、特徴および雰囲気などが違います。ぜひ子供を連れて見学したり、説明会に行ったり、先生の対応を実感したり、実績を確認したりした上で判断しましょう。友達の勧めだから入塾するのはお勧めしません。

　前述の通り、私立小学校受験に強い塾もあれば国立小学校受験に強い塾もあります。子供の性格の特徴によって臨機応変に指導する塾、賞罰をはっきりとさせる塾、情報力が強い塾、歴史の長い塾などいろいろです。たとえ同じブランドの塾でも、教室によって特色が違います。大手塾ですから、どの塾も誇りを持っていますが、ただ子供との相性はそれぞれなので、ぜひ足を運んで見に行きましょう。

7．自分の目で学校を確かめましょう

　学校見学をするとき、ただ学校の設備やグラウンドなどの"外側"を見るのではなく、学校の雰囲気もじっくり味わったほうがいいです。

幼いから周りに負けないように、とりあえず教育にもっと力を入れよう、私立小学校に何とか入れようとの思考回路で学校を決めれば、後で苦しくなるでしょう。

第3章 中学受験はここをおさえたい

少子化の中で、中学受験率は年々高くなっているデータがあります。コロナ禍でも全く受験を控えている傾向は見えませんでした。むしろ子供の将来にますます不安を感じ、受験を考える家庭が増えているのではないでしょうか。

そしていざ中学受験をしようかと考え始めたら、キリのない考えごとと悩みが湧いてくるかと思います。特に中学受験の経験がない親にとっては、今まで触れたことがない領域に踏み込むことで、不安だらけでしょう。

そうした中で、実際に中学受験に挑んだ体験を踏まえてどうすればよいか述べてみたいと思います。

1 まずはチェックリストを作成

「近年、中学受験を考えているご家庭はどんどん増えています」

これはどこの中学受験進学塾の説明会に参加しても、まるで決まり文句のように言われる一言です。中学受験がますます多くの家庭で重視されていることを伝え、まだ受験するかしないか悩んでいる保護者の背中を押している決まり文句とは言え、事実は事実です。

ただ、受験を決断しても、気持ちは複雑で、ころころ変わ

ることは珍しくないです。

　例えば、中学受験を決めて、塾の宿題に必死に追われている子供の姿を見て、以前は毎日のようにサッカーやアニメやゲームを楽しんでいた日々を思い出し、自分の決断を疑ってしまいます。おまけにここまで頑張っていても、受かるかどうか不明ですし……。

　また、最初にできるだけ習い事や趣味などと両立する教育方針を立て、中堅校を目指していたにもかかわらず、他の子供が難関校に合格したことを聞いたら、羨ましくなって、急遽志望校を変更したくなることもよくあります。塾で同じ授業料を払っているわけですから、わが子にも名門に入ってもらいたい気持ちはとても人間味のある気持ちで、何一つおかしくはないです。

　いざ志望校を変更しても、家庭の教育方針と衝突する恐れがあります。よほど頭が冴えている子でない限り、勉強の量やそれなりの応用問題をこなさないと、難関校の偏差値にはなかなか近づかないですし、できるだけ習い事や趣味も継続してほしいという家庭の方針と両立できないことは珍しくありません。志望校を変更しても気持ちはすっきりせず、自分の判断が正しいかどうかを疑う日々を送ることになるのではないでしょうか。

　また、とある学校の校風に憧れ、生徒がみんな生き生きし

ている様子を見て、いいなぁと思いながら、別の学校の高い偏差値に心を奪われることもあります。あるいは、中学受験をしないと決めたのに、これからの高校受験や学力の格差のことを考えて、心が揺れたりします。

　前述のような気持ちが揺れ動く例は多く存在します。これも親心の一つなので、一時的に悩んだとしても全然問題はないです。むしろ悩まなければ考える動力もなくなります。しかし、この混乱している気持ちを長期間続けると、家庭のムードも悪くなるでしょう。子供の成長と勉強に役立つどころか、邪魔になるのではないでしょうか。まるでアクセルを踏みながら、ブレーキを踏むような状態です。長引いたら危ないです。

　基本情報として、何を調べればいいかわからなければ、まず次のチェックリストから調べてみましょう。これらの情報を把握した上で考えれば、やみくもに中学受験に巻き込まれ、途中で気持ちが右往左往することも少なくなります。親は子供の代わりに勉強もできないですし、宿題をすることもできませんが、集めた情報が役立つなら、それは子供が効率的に学習することの益になります。

　チェックリストは例えば次のようなものです。

☑ 偏差値
☑ 倍率（出願倍率／実質倍率）
☑ 私立中高一貫と公立中高一貫の違い
☑ 学校選び
☑ 併願
☑ 費用（塾代と学費）
☑ 大学進学実績
☑ 校風

2 偏差値とは？

　偏差値とは、模試を受けた集団の中で、自分がどれくらいの位置にいるのかを示した点のことです。偏差値の算出には公式があります。

（個人の得点－平均点）÷標準偏差×10＋50

　標準偏差を計算するには正規分布の計算が必要になります。正規分布を計算するにはまた関数で算出することが必要になります。ですので、自分で計算するなら日が暮れます。そもそも、わざわざ親が苦労して計算する必要がないものです。パソコンを組み立てられなくても、使えればよいのと同じです。簡単なルールを覚えれば、子供の実力を客観的に見つめ

ることができます。

1．どの基準の偏差値でも 50 は真ん中の位置を表します

2．テストの難易度およびそのテストを受ける団体の実力によって、子供の偏差値は大きく変化することがあります

　例えば、塾の月間テストのとき、偏差値は 55 なのに、その次の全国統一小学生テストのとき、偏差値は 48 になるかもしれません。直近の学びの確認テストなら、知識はまだホットで範囲は狭いので、頑張って復習すればそこそこの成績を取れます。全国統一小学生テストや、全国模試など幅広いジャンルが問われる場合、知識の定着度が偏差値に大きく影響すると思われます。直近の知識を覚えていても、以前習った知識を忘れてしまうと、偏差値はなかなか上位になれないことが現実です。

3．50 より下なら平均点より下で、50 より上なら平均点より上です

4．同じ学校の偏差値は偏差値の基準によって変動します

　例えば、同じ学校で○○年入試四谷大塚結果Ａライン 80 偏差値を基準にする場合と比べると、サピックス小学部偏

差基準で算出した数字はもっと小さい傾向があります。逆に首都圏模試データで算出した結果は数字がもっと大きいです。

　これからウェブ経由で学校情報を検索する際、あれ、前のサイトにこの学校の偏差値は 60 と書いてあるが、このサイトに 66 と書いてある。おかしい…と思わないでください。したがって、学校の偏差値を調べる際は、なるべく同じ基準で計算された偏差値を参照しましょう。

5．同じ中高一貫校の中学部と高校部の偏差値は違うのがほとんどです

　そもそも中学部と高校部の偏差値を算出する基準は違います。そして、学校の内部でよくコースやクラス分けをします。コース、クラスによって、偏差値は違ったりすることは珍しくはありません。

6．入学偏差値が低くても、6 年後の大学進学実績が悪くない学校もたくさんあります。偏差値が高くても、校風が合わない場合もあります。偏差値だけで学校を判断しないこと

7．志望校の偏差値まで届かないからといって、そのことで希望を変更し諦めるのは早いです

どこの中学進学塾に通っても、定期的に偏差値一覧が手元に届きます。そこに記載しているのはほとんど80%の確率で合格できる偏差値です。例えば日能研○○年結果R4偏差値、○○年入試四谷大塚結果Aライン80偏差値などです。偏差値は□□になれば、80%の確率で○○校に合格するという意味です。偏差値は□□までいかなければ、○○校に合格できる目処が立たないなんてことはありません。ただ下がれば下がるほど合格の確率も一緒に下がります。目安として、データの偏差値より4、5ぐらい低くてもチャレンジして問題ありません。結構受かる見込みがあります。

　けれども、データの偏差値より大きく離れすぎている場合、逆に受からない確率はどんどん80%に近づいてきます。志望校を変更するか、受からないことを覚悟で挑みましょう。

　もし、他の要素を考慮せずに、学校を偏差値という刃だけで切れば、大体以下のようにランク分けできます。四谷大塚結果Aライン80偏差値を基準とします。ランク分けの分け方はいろいろあります。最難関校と難関校を一律として難関校にしても問題ないです。このランク分けは一番わかりやすいかと思います。細かすぎないですし、大雑把でもありません。参考にする価値は充分あります。

● **最難関校（偏差値65以上）**

- **難関校（偏差値 60 〜 64）**
- **上位校（偏差値 56 〜 59）**
- **中堅校（偏差値 51 〜 55）**
- **中位校（偏差値 46 〜 50）**
- **一般校（偏差値 40 〜 45）**
- **下位校（偏差値 39 未満）**

（『週刊ダイヤモンド』、2021 年 9 月号を参照）

　もしこのランク表で目標校の偏差値の位置づけを調べるなら、ぜひ同じく四谷大塚の偏差基準に基づいて調べてください。他の偏差基準で照合すると、ずれが生じます。

3　出願倍率と実質倍率はかなり違う

　倍率という言葉、みなさん、なんとなくわかるかと思います。ここで倍率の概念よりも、中学受験の倍率には 2 種類あることを知っておいてほしいです。なぜなら、この 2 種類の倍率を理解できれば、中学受験は雲の上みたいな話ではなくなるからです。うちの子は絶対無理だと思われる方でも、もしかしたらうちの子でも行けるかもしれないという可能性が十分考えられます。

倍率には、

● 出願倍率

● 実質倍率

があります。

出願倍率＝志願者数÷募集人員
実質倍率＝受験者数÷合格者数

　式だけではイメージしづらいかと思います。日本一受験者数が多い中学校を例に見てみます。

　ご存じの方も多いかと思いますが、1月には埼玉県の栄東中学・高等学校を始め、首都圏中学受験が本格的に始まります。毎年1万人ぐらい受験者が殺到します。2021年度の栄東第一次出願者は男女合わせ6017名でした。募集人数は140名です。前述の式で計算すれば、志願者数6017人÷募集人員140人＝出願倍率は約43倍です。

　同校同年の実質倍率を算出してみましょう。

受験者数5802人÷合格者数3833人＝実質倍率1.5倍

（※出願倍率および実質倍率とも小数点以下第2位を四捨五

入しています)

　出願倍率と実質倍率の相違はとても大きい場合がありますので、出願倍率で諦めるのは早すぎです。

4　私立中高一貫校と公立中高一貫校の違い

　中学受験といえば、中高一貫校だと思われます。まさにそうです。一部を除いて、ほとんどは中高一貫校です。簡単にいえば、中学3年間と高校3年間を繋いで、高校受験せずに、トータル6年間の教育活動が行われる学校のことです。私立、公立関係なく中高一貫校は魅力的なところがあります。

1．高校受験をしなくて済むこと
2．大学進学実績を重視すること
3．学校ごとに独特な校風を持つこと
4．同じくらいの学力の生徒が集まること
5．教育環境が整っていること

　などの共通点があります。

　どれも中高一貫校の魅力で多くの家庭に選ばれる理由です。それでは、気にかかる違うところに着目しましょう。

　私立中高一貫校と公立中高一貫校の入試方式は大きく違い

ます。

　近年、私立校の入試方式が多様化する傾向があります。例えば日本一入試方法の多い中高一貫校、都内の某中学校の入試方法はなんと10種類以上もあります。4科・2科入試にとらわれず、公立一貫校の適性検査、プレゼン型入試、理数インター、英語AL(アダプティブラーニング)入試など多彩に用意しています。個性と多様性を重視しており、多くの生徒さんにとってはチャンスだと思われます。

　とはいえ、私立中高一貫校のメインの入試法は、算数・国語・理科・社会の伝統的な4科目です。

　学校ではこの4科目も学習するとはいえ、入試の内容は小学校教育要領の目標と範囲を大幅に超えます。よって、たとえ小学校で毎回テストで満点が取れても、受験勉強せずに私立中学校に受かる確率は極めて低いです。特に名門私立中高一貫校ともなると、受験勉強なしでは、まるで素手で熊と闘うような手応えだと思われます。ですから、うまく進学塾や通信教育を武器にすることがいかに重要かとわかります。

　次に、公立中高一貫校の適性検査はどういうものでしょうか。

　簡単に言えば、莫大な知識量、難しい問題を解く能力より、考える力と記述力を重視する思考型テストです。私立の4科目と比べ、主に二つの違いがあります。

１．教科横断型。例えば、算数と理科を組み合わせたり、国語と社会を組み合わせたりしたテスト方式です。

２．必要な知識は小学校の知識範囲内です。

　よって、公立中高一貫校を第一志望とするなら、たくさんの難問に立ち向かったり、広範で莫大な知識を覚えたりするより、問題を読んだ後、その場で考えられるかに注力したほうが良いでしょう。

　適性検査はよく適性検査Ⅰ、Ⅱ、Ⅲなどと分けられます。地域によって適性検査の科目も違います。適性検査ⅠとⅡのみの学校もあります。

　最後、学校によって個別面談や集団面接（集団ディスカッション）を行う学校もあります。英語で行う学校もあります。この面接の有無も私立中高一貫校と大きく違います。

　私立中高一貫校と公立中高一貫校は学費も異なり、6年間で、私立の学校教育費は公立の約4倍かかります。

　「平成30年度子供の学習費調査」（文部科学省）のデータによると、公立6年間約127万円、私立6年間約536万円という結果でした。

　学校教育費の内訳は授業料、修学旅行・遠足・見学費用、学校納付金、教材費、教科外活動費などです。

近年、政府からいろいろな支援制度が出ました。

例えば、私立小中学校等就学支援実証事業費補助金です。これは年収400万円未満、資産保有額が600万円以下の世帯が対象となります。

また国からの高等学校等就学支援金も一定の条件がクリアできれば、支給されます。これらは都道府県によって、内容が違いますので、事前にお住まいの区役所、市役所で確認したほうがいいかと思われます。

また、併願面の選択範囲の違いについて。

併願の場合、私立校の選択肢は公立校よりも遥かに多いです。そもそも私立中高一貫校の数は公立より多いです。そして、よくある公立同士の併願難という問題があります。例えば、都立11校（区立1校を含む）はみんな仲良く同じ日に試験を行います。物理的に11校の間で併願はできません。6年生の夏休み前後で決断しなければいけない事態になります。一発勝負のムードがとても強いです。

私立校の選択肢は割と多いので、比較的併願しやすいかと思います。首都圏の場合5校〜10校の併願が主流となります。正直10校はさすがに多いなぁと思います。私立中高一貫校の受験料は2万円〜3万円までが多くて、10校の場合、受験料だけで自宅のトイレをリニューアルできるぐらいの金額に

なります。自分の考えですが、受かっても 100%入学しない学校には願書を出さなくてもよいでしょう。

5　学校はどこを見て選ぶ？

　中学校受験の本質は受験ではなく、どの中学校に入るかという問題です。

　周りにこういった認識はないでしょうか。

● 私立であればどこでもいい
● 中高一貫であればどこでもいい
● 家に近ければどこでもいい
● 偏差値が高ければどこでもいい
● 受かればどこでもいい
● 御三家じゃなきゃだめ
● せっかく高い塾代を払うなら名門じゃなきゃだめ

　危機感や焦りで受験の船に乗り込んだものの、一体なんのため子供に中学校受験させるか途中で疑う親は少なくはないです。最初はなんとなくからスタートしたものの、途中で折れそうになる親子はあちこちにいらっしゃいます。

どこの学校がいいかなぁと悩む前に、何のために中学受験させるかを冷静に考えてみましょう。ただ周りのみんながやってるから、自分もやらないとまずそうと考えるのであれば、一回頭を冷やしましょう。よほど子供が優秀でない限り、高い確率で、家庭の雰囲気が悪くなるでしょう。特に塾代が引かれた日とテストの成績が出た日は要注意です。

よくある中学受験の理由をまとめました。

１．子供を教育環境が整った学校に行かせたい
２．大学進学に有利
３．高校受験をしなくて済む
４．親もその学校の卒業生か中学受験の経験者
５．学校のブランド力への憧れ
６．英語を重視していること

これらの理由は全部正解です。そして、理由はこれだけではなく、もっとあります。しかし、これらの理由を玉ねぎの皮を剥くように取り除くと、すべての理由の出口はよりいい大学への進学と繋がります。

よく大学附属中を志願する親から、高校、大学受験がないから、ゆったりと学校生活を送れるという理由を聞きます。ですが、本当でしょうか。一生懸命勉強して附属中に合格し

た後、定年退職後の老後のようにのんびりとした生活を送れるでしょうか。その大学に直進できたとしても、希望の学部に入れるでしょうか。

残念ながら、中学受験が成功すれば人生円満だ、という考え方は甘いです。中学校に入った後、新たなチャレンジと試練が待ち構えています。

それでは一体どのように中学校を選べばよいのでしょうか。三つのパターンに分けて見てみましょう。

1．住んでいる地域に教育資源が少ない場合

引っ越す予定もなければ、話はシンプルになります。通える範囲の中学校を絞り出して、1校ずつ分析してみましょう。具体的にどのポイントから分析するかは三つ目のパターンを参考にしてください。

2．受験とともに引っ越す予定がある場合

例えば、今は埼玉県の北のほうに在住で、千葉県の渋谷教育学園幕張中学校を目指すとします。合格したら、学校に通いやすい地域に引っ越す予定というものです。このパターンは割と少ないです。メリットは幅広い範囲で学校選びができることですが、デメリットも大きいです。住んでいる地域の塾は狙っている学校への受験対策が充実しているでしょうか。合格した後、入学する前に

引っ越さなければいけないのです。時間はかなり厳しいです。家族のライフスタイルも大きく変化します。

3. 選べる教育資源は割と多くて、なおかつ引っ越す予定はない場合

このパターンは首都圏で割と多いです。首都圏だけで中学校は360校以上もあります。このメインパターンで見てみましょう。

ステップ1：通学が可能な距離かどうか

自宅を中心として、円を描きます。円の半径は通学距離だとします。まず距離から通学可能かどうかを判断します。この通学距離の感覚は人によって違いますが、大体往復3時間が限界でしょう。

特に多くの私立中高一貫校はお弁当を持参しなければいけません。お母さんがどこまで早起きできるかも問題ですね。例えば、私は低血圧です。早起きはとても苦手で、早すぎると気持ちが悪くて、吐き気がします。おまけに料理を作ることが苦手で、近くて給食が提供される学校は本当に助かります。

もう一つの理由は、安全面からの考慮です。特に地震などの災害、何かの事故などの緊急事態の場合です。遠すぎると、いざというときの対応が大変です。つい最近、娘の社会のテキストに、首都直下型地震は、今後30年以内に発生する確

率が70%程度と高い数字で予想されていると記載されています。ますます遠すぎるところは遠慮する決意をしました。

ステップ2：私立と公立とどっちにするかを決めること。

前述のように私立と公立の中高一貫校ではいくつの違いがあります。

一つ、試験形式の違い。

一つ、費用の違い。

一つ、併願面の選択範囲の違い。

もちろん私立と公立の併願もありですが、テスト方式の違いから、よほど処理能力が高い子でなければ、どちらもうまくいかないリスクも十分考えられます。せめてどちらかがメインでどちらかがサブにしたほうがいいです。状況を見てサブを捨てる覚悟も覚えましょう。

ステップ3：高校があるか確認する

とてもシンプルですが、要注意です。一部の学校は中高一貫ではありません。例えば、埼玉大学教育学部附属中学校の場合、小学校と中学校があって、高校はありません。そうすると中学受験を終えた後、また高校受験に直面せざるを得ない状況になります。中高一貫じゃないと検討しないのであれば、最初から高校がない学校は候補から外しましょう。試験

対策に無駄に精力を分けないほうが賢明です。

ステップ4：偏差値を見る

　偏差値はとても重要な学校選びの条件です。私立校であればどこでもいいと思う親は少ないでしょう。

　なぜ偏差値を重視するのでしょう。残酷な現実ですが、偏差値の高さは6年後の大学進学との関連性が非常に高いからです。一般の家庭にとっては、年間100万円前後の学費等を支出するのは楽なことではありません。よく子供にいい教育環境を提供したいという決まり文句を聞きます。なぜ教育環境がいいところがいいのでしょうか。さらに突き詰めると、どんな教育環境がいいと言えるのでしょうか。高い学費をはらい、子供をいい教育環境に送り、親が本当にこれ以上何も求めないでしょうか。ピカピカのキャンパスと素晴らしい施設、おまけにかっこいい（かわいい）制服だけで満足している親は何割いらっしゃるでしょうか。学校は観光リゾート地ではありません。生徒の将来に強く結びついている大事な場所です。いい教育環境とはどういうものか、ゆずれないものは何か、しっかり確認してください。そして、この中高6年間を一緒に頑張ってきた仲間たちは一生の宝になるでしょう。

ステップ5：他の細かい条件で絞る

　都心部に住んでいて選択肢が多くても、ここまでのステップで志望校の数は10校以内ぐらいに絞れているでしょう。

　イメージしてみてください。マイホームを購入するとします。予算内で完璧な家を買うことはできません。ならば、絶対妥協できない条件は何でしょうか。少し譲っても大丈夫な条件は何でしょうか。マンションがいいでしょうか、それとも絶対一戸建てがいいでしょうか。投資系の物件がいいとか、少し都心から離れても、落ち着ける物件がいいなどの取捨選択はあるでしょう。

　学校選びも同じです。偏差値も立地も同じだとして、校風として自由で子供の想像力と行動力に任せる学校もあれば、しっかりと生徒の学習、生活面などを管理している学校もあります。例えば、某有名大学の三つの附属校の校風は本当にそれぞれで、とても同じ大学の附属校とは思えないぐらいです。ただ大学の名前に惹かれて、向いていない校風の学校に入学した後は、いろいろ大変かと思います。

　宗教系の学校もそうです。極端な話、もし親が仏教を信仰しているとしたら、キリスト教の学校も検討範囲に入れるかどうかの問題です。

　グローバルを謳っている学校がいい？　それとも伝統的な学校がいい？　進学校がいい？　附属校がいい？

それとも学校生活を満喫し、高校になったら、予備校の力を借りて、大学進学する派ですか？

文武両道を重視？　それともとにかく成績重視？　6年後の大学進学先を気にするかどうか、などなどの細かい条件があります。

マイホームを購入するときと同じく慎重に取捨選択をしましょう。

6　併願について、話があります

私立同士の併願は割とシンプルです。前述の学校の選び方で絞って、残った候補から第一志望、第二志望、第三志望を並べ替えすればいいのです。ここで注意していただきたいのは、万が一、たとえ6年生の夏休みごろの成績が第一志望の偏差値を5前後下回っても、第一志望を諦めずに受けることです。なんとなくの第一志望ならそのときの実力で調節したりしていてもいいでしょう。本命の第一志望であれば、たとえ実力の差があっても、最後まで諦めずに頑張ってください。

公立と私立では、併願できないでしょうか。結論から言うと、できます！　確かに私立の試験形式は4科目がメインで

すが、多くの私立校でも適性検査の試験形式を設けています。併願候補に入れていいでしょう。

　公立同士の併願はどうでしょうか。一言で言えば地域差があります。例えば、都立11校（区立1校を含む）の試験日を同じ日に設定してあるため、志望校を決めるとき、多少迷うでしょう。では埼玉県の様子を見てみましょう。埼玉県には公立中高一貫校は3校、および国立中学校1校があります。うまく組み合わせれば、2校ぐらい併願できます。特に私立を考えずに、公立、国立のみをお考えであれば、ぜひ事前に併願の仕方を塾の先生に確認したほうがいいです。なぜなら、そもそも併願できなければ、その学校の対策に時間を割く必要がないからです。

　公立中高一貫とはいえ、学校によって性格が違います。例えば、英語で面接する学校もあれば、英語に全く触れない学校もあります。記述、作文の比重がダントツに大きい学校もあれば、そうでない学校もあります。もし併願できなければ、本番対策に入る前に本命校を決めたほうが効率的に対策できるかと思います。

7　お金の話も重要です

　人生初の塾探しをしたとき、進学塾にかかる費用は全く知りませんでした。

　息子が低学年のとき、合気道を学ばせました。週1の場合、月謝は6000円でした。その6000円の気持ちで教室長に費用の話を聞きました。まるで定食屋に行くつもりで誤って高級寿司屋に入った感じでした。正直な気持ち、高いなぁと思いました。やはりどこの国でも教育は贅沢品だとしみじみと感じました。

　塾によって、月謝や諸費用は違います。一概にはいえないです。よくありがちなのは、月謝だけで予算を組み立てることです。毎月いくらかかるかより、年間単位で見込んだほうが全体を見やすいかと思います。

　大手集団塾に通う場合、ざっくりで計算すれば、4年生から6年生まで約300万円前後の出費となります。さらに低学年から通塾したり、個別指導塾を併用する場合、さらに上回ります。

　塾によって言い方は違いますが、メインの費用は以下の通りです。

- 入会金
- 授業料（月謝）
- 春季講習代金／夏期講習代金／冬季講習代金
- 教材費
- 各種テスト代金
- 諸費用
- 特訓代金

　入会金は入会のタイミング、兄弟割引、紹介キャンペーンなどによって免除される場合もあります。とにかく１回のみの支払いです。

　授業料は学年単位で変動するのが多いです。学年が高ければ、授業料が高い傾向です。子供が低学年のときに、何となく塾に行かせた場合、４年生に入ったら急に授業料が高くなった気がして、えっと思う可能性があります。なぜなら、４年生からいよいよ中学受験の本番スタートになるからです。授業のコマ数も低学年より多くなります。しっかり予算を立てたい場合、入塾したときの授業料だけではなく、６年生までの授業料も一緒に確認しておいたほうがいいです。
　特に規模が大きい塾の場合、学年ごとの説明会で料金説明をするとき、その学年のみの料金を資料として配る場合があ

ります。１年後金額が確実に高くなると心得てください。

今までたくさんの塾の説明会に参加してきました。料金説明のとき、各講習の代金に関しては、たいてい別途かかりますと一言で終わらせるのが多いです。気になるようであれば、大体の金額を教室長に確認しましょう。

教材費とテスト代は、基本一括で半年分か１年分を納入することが多いです。

諸費用は塾によって、設備費、教室利用料などの言い方もあります。納め方は、月単位、３ヶ月ごと、半年ごとがあります。教室長は必ず説明すると思います。特に数ヶ月ごとに納入する場合、途中で退塾する場合、どういった形で返金するかの説明もあります。メモを取ることをお勧めします。そうしないと１週間も経たないうちにすっかり忘れる可能性があります。

さまざまな受験特訓、対策代金は、ほとんど５、６年生のときに発生します。塾によって呼び方も違ったりします。たいてい○○特訓、対策と呼ばれる項目は強い目的性を持つ傾向があります。例えば、「難関校特訓」「志望校錬成特訓」「公立中高一貫校対策」など、名前から目的性を窺うことができます。

特訓、対策の代金は春季講習などと同じで、たいてい始まる前月に引き落とされます。6年生になると、講習も特訓もある月もあります。例えば6年生の夏休みと冬休み。したがって、7月と8月の2ヶ月だけで30万円以上かかる場合も珍しくないです。頭の隅に置いておいたほうがいいです。幸い6年生の夏休みと冬休み中は、数日かかる家族旅行を免れます。たとえ金銭の余裕があっても、時間と気持ちに余裕がないのが普通です。むしろ、気を引き締めて、どこにも行かないことをお勧めします。そもそも思いきり遊べないですし、戻ってきてからすぐ勉強モードに入るのは至難の業です。旅行代金を全額、特訓や夏期講習の費用に充ててもいいと思います。

8 大学進学実績を見る際に注意したいこと

よく子供にいい学習環境を提供したいため、中学受験させたと聞きます。この一言は、いい大学に入らせるため、学習環境が整っている学校を受験させたと言い換えられるのではないでしょうか。もちろん、単なるきれいなキャンパスとかわいい制服のために子供に受験させるご両親もいらっしゃるかと思いますが、恐らく少数派だと思います。特に一般家庭

はそうです。前述した通り、進学塾だけで一般私立大学の4年間の授業料相当の金額を用意する必要があります。一般家庭にとっては、決して少なくない額です。単にきれいな校舎とかわいい制服のためなら、代価として高すぎるのではないでしょうか。

　中学受験を決意し、学校を選ぶとき、その学校の中学だけではなく、高校も一緒にチェックしたほうがいいと思います。チェックすべき重要項目の一つは大学進学実績です。

　大学進学実績を確認するメインの方法はいくつかあります。

● **志望校のホームページ**
● **外部の学校紹介のホームページ**
● **学校説明会**
● **関連する最新の雑誌**

　一番確実なのは学校説明会、および学校のホームページです。

　初めて実績を調べたとき、戸惑いました。なぜかというと、大学合格者数が高校卒業者数を大幅に超える現象が珍しくないからです。例えば卒業者数400人ぐらいで、早稲田大学の合格者数はなんと半数弱を示します。すごい！　じゃ、うちの子もこの高校に入れば、半分の確率で早稲田大学に合格で

きると妄想が走り出してしてしまう可能性があります。でもちょっと待ってください。私と同じ誤解をしないでください。

　それだけではなく、調べるサイトによって、同年度の実績の数字は違ったりします。そこで、見ているサイトの数は合格者数なのか、それとも進学者数なのかをはっきりさせることが大事です。

　そもそも合格者数って何？　一見すごくわかりやすそうな言葉ですが、理解の落とし穴があります。実は、各サイトで出された合格者数とは、合格した学科、学部の合計のことです。例で見てみましょう。○○君がA大学の三つの学部を併願しました。めでたくすべて合格したとすれば、A大学の合格者数のカウント数は「3」となります。さらに、併願できるB、C、D大学の合計九つの学部に全部合格した場合、A大を含め、合格者数は「12」になります。生徒が一人しかいないにもかかわらずです。というわけで、合格者数だけを見て卒業生の数より上回るのは何もおかしいことではありません。正直、「合格者数」ではなく「合格個数」のほうが適切だと思われます。

　ちなみに、「実合格者数」という言葉もたまに耳に入ります。○○君がまた登場します。A大の三つの学部に合格したとはいえ、実際合格したA大学を「1」とカウントする場合、「実合格者数」と言えます。ただの「合格者数」より客観的

で、参考価値が比較的に高いかと思います。

　一番注目してほしいのは「進学者数」です。例えば、○○君が最終的にB大学に進学したとします。こういった場合、進学者数はB大学の「1」となります。つまり、実際進学した大学が正確に反映されます。進学者数は高校の大学合格実績を一番反映できる数値だと思われます。ただし、すべての高校が進学者数を公表するわけではありません。

　学校の偏差値を調べるとき、同じ基準の偏差値で調べましょうと言ったことを覚えていますでしょうか。大学の進学実績を調べるときも同じです。「進学者数」で調べるか、それとも「合格者数」か、それとも「実合格者数」かを決めた後、それぞれについて調べましょう。そうでなければ、とても不公平な対比になってしまい、客観視できなくなります。

　もう一つ気をつけたほうがいいのは、進学実績が中高一貫生のみか、それとも高校から入学した高校部をも含むのかということです。高校からの外部入学がない高校であれば、割とシンプルでわかりやすいです。多くの中高一貫校は高校から入学する生徒の比重が大きいです。この学校の説明会を聞いたり、調べたりするとき、開示された大学進学実績が一貫生のみか、高校から入ってくる生徒も含むか、がとても重要になります。

　中学受験の世界では、お得な中学校説があります。

志望校を選ぶとき、たいてい第一志望、第二志望、第三志望などで優先順位をつけるかと思われます。残念ながら、第一志望で合格をもらえるのはわずか一部だけだと言われています。たとえ第一志望に合格できなくても、第二志望、第三志望が思ったより期待できるかもしれないです。

　それでは、どんな学校がお得な中学校でしょうか。一言で言えば、中学入学したときの偏差値がそんなに高くなく、いわゆる入りやすい学校にもかかわらず、6年後の大学受験で期待以上の実績を出す学校のことです。

　例えば、入学時の偏差値が40だとします。ですが大学合格実績は早慶とGMARCH※の合格者数が卒業者数より上回ったとします。確かに前述のように大学合格者数から客観的な実績は分析しづらいです。ただ、少なくとも合格者数が多ければ多いほど、成績優秀な生徒の割合が多いです。さすがに一人の生徒が100ぐらいの学部に合格することは不可能です。

　たとえ第三志望、第四、五、六志望を選ぶ場合でも、これらの数字から学校の一面を見ることができます。適当にではなく、真剣に選びましょう。たとえ一番行かせたい学校ではなくても！

※早慶：早稲田大学と慶應義塾大学
　GMARCH：学習院大学(G)、明治大学(M)、青山学院大学(A)、立教大学(R)、中央大学(C)、法政大学(H)

9 校風を確認する

　中学校に入ったら、いろいろやりたいことがあると思います。お友達を作ったり、部活を楽しんだり、学校の活動に積極的に参加したりなどなど、たくさんあります。ただ、せっかく数年間頑張ったのだから、高卒で学校生活の扉を閉じたいご家庭は少ないかと思います。大学受験を中学校に入った後の重要目標の一つとしたほうがよいと思います。むしろ一番重要な目標だと言っても過言ではありません。この目標の実現によって、新たな素晴らしい扉を自らの手で開けられ、もっと広い世界が目の前に現れます。

　こんな意見を持っている私が校風を重視しているなんて考えられないかもしれませんが、実は逆です。私は校風がとても大事だと考えております。もし中学受験は親が主導権を握るとしたら、中学校に入った後、まだ親から勉強の監督をしないとうまく進まないのであれば、大学受験は家庭の地獄になり得るでしょう。この自力で勉強するノウハウは大学受験だけではなく、一生の宝物となります。

　ここで、子供の潜在能力を引き立てる重要な役割を担っているのは子供に合った学校の雰囲気と教育方針です。子供と学校の意気投合で事半ばにして功倍する効力があります。

中高一貫校はいろんなタイプがあります。例えば、

● 大学系
● 宗教系
● 家政・裁縫系
● 芸術体育系
● 進学系

　学校が同じタイプでも似たような校風とは限りません。
　例えば同じ宗教系でもカトリックとプロテスタントと仏教があります。

　カトリックとプロテスタントはどちらもキリスト教系とはいえ、全貌から見れば、カトリックのほうはどちらかというとアットホームな雰囲気で、生徒の言動や生活面、学習面などにきめ細かい指導をしたり、当たり前のことを厳しく指導したりする場合が多いです。一方、プロテスタントはどちらかというと、自主・自立を大切にし、自由と個性を尊重している傾向です。制服がない学校もあります。
　伝統を重視する学校もあれば、自由・個性を重視する学校もあります。
　１年生から進路を明確にし、難関大受験を目標に置く進学系の学校もあれば、文武両道の学校もあります。

プレゼンテーション教育を重視する学校もあれば、アクティブラーニング教育を重視する学校もあります。

　グローバル教育を謳っている国際バカロレア認定校もあれば、理数教育を大事にしているスーパーサイエンスハイスクール（SSH）もあります。

　本当にバラエティに富んでいて、調べるだけで楽しくなります。

　もしもあなたが教育資源がとても豊かな都心に住んでいる場合、志望校を選ぶとき、偏差値と校風、教育方針で衝突する可能性は十分考えられます。

　例を挙げてみましょう。

　比較的偏差値が高いA校と校風が子供に向いている文武両道のB校があるとします。どちらを選ぶのが正論とは限らないです。参考程度で捉えていただければ幸いです。

　偏差値はとても重要な参考指標です。ご家庭で偏差値のセーフラインを設定すべきかと思います。例えば、偏差値○○以下なら検討しない。よって、偏差値がA校と比べて比較的低いB校でも許容範囲内のはずです。逆に受かっても行かない学校なら、志望校リストに入れないほうがいいです（お試し受験を除く）。

　A校の偏差値はB校より高いとはいえ、それほどの差でなければ、校風を優先にすべきかと思います。自分なりの考え

ですが、校風と教育方針がご家庭と一致すれば、子供のモチベーションの上昇にいい影響を与えます。そうすると、おのずから学習、部活、学校活動への取り組みを積極的にする可能性が高くなります。逆に校風が合わない場合、たとえいくら素晴らしい学校でも、子供の内側の動力を引き立てることができなければ、数年後バッテリー切れになりがちだと思います。

　もう一つの理由があります。難関大学に合格した生徒の多くは、かなりの割合で予備校や塾を利用した経験があります。言い換えれば、校風に合う学校であれ合わない学校であれ、難関大学を目指すなら高い確率で予備校の力を借りるかと思います。どうせなら意気投合できる学校に行ったほうがよくありませんか。

　校風についての、友達AさんとBさんの例を挙げてみます。
　AさんとBさんのお子さんは同級生です。仮にA子ちゃんとB子ちゃんとしましょう。どちらも実力が高いお子さんですが、全体としてA子ちゃんは塾での成績はB子ちゃんよりも高いです。

　学校見学した後、A子ちゃんは偏差値が高い志望校ではなく、偏差値が低いほうに行きたいとお母さんに言いました。詳しく言えないですが、校風と関係があります。A子ちゃんは学校の偏差値が低くても、自分と合う校風を選びました。

塾の先生はＡ子ちゃんの実力であれば、その学校に余裕で合格できると断言し、そして確実に余裕で合格しました。

　Ｂ子ちゃんもご両親の念願だった偏差値が高い学校に合格しました。入学してしばらく経ちました。Ａ子ちゃんはさすがに元々勉強熱心な子で、学校での成績も優秀ですし、部活も楽しんでいます。毎日ワクワクしながら学校生活を送っています。確かにお母さんはＡ子ちゃんが偏差値が高くないところを選んで大丈夫かなぁと心配していました。けれどどのみち将来名門大学を受けるために予備校に行く予定なのだからと、充実した学校生活を重視する道を選びました。

　一方、Ｂ子ちゃんは多くの受験生が憧れる偏差値の高い難関校に合格した後、やっと中学受験から自由になって解放感に満ちた日々を送り、勉強に手を抜いて、気がついたら学年のビリに落ちてしまいました。授業の内容になかなか追い付けず、学校生活は日々苦しくなってきました。さすがに進学校ですので、成績を重視する校風で、勉強ができなければ楽しく学校生活を送れそうな雰囲気ではないのです。子供も親もかなりのストレスを抱えていました。Ｂ子ちゃんは、みんな実力がすごすぎて、今から死ぬほど勉強しても追い付かないよと絶望的な悲鳴をあげました。悩んだ末、また週５ほどの頻度で塾に通い始めました。偏差値だけに目を配り、進学校の校風は本当に子供に合っているかどうかを後回しにした

結果でした。

　私の長男は公立中高一貫校の中学を受験しました。当時、A校とB校の一次試験はどちらも合格しました。問題は両校の二次試験の日程が同日で、テストを受ける前に苦渋の決断をしなければならなかったことです。もう1回両校の特色を整理し、決定権を息子に渡しました。すると意外な結末でした。今までよくB校に行きたいと言っていた息子は、急にA校にする！　と決意したのです。理由を聞いてみたところ、受験した際のB校に関する記憶はぴかぴかの壁、素敵な設備、きれいなトイレでした。一方A校について覚えていたのは、壁に掛けている生徒が書（描）いた作品、生徒が開発した問題の解説と違う解き方など探究的な作品でした。

　つまり、魅力的な学校文化に惹かれ、その文化の中で学校生活を送っていきたいか、それとも新しい学校で自ら学校文化を作っていきたいか考えた中で、前者を選びました。

　中学受験であれ、小学受験であれ、自分の目で確かめることに関しては本質が一緒です。自分のこだわりと学校がその期待に応えられるかどうかの大事な確認です。ただ有名だからではなく、この学校はなぜあんなに人気なのか、人気の理由が本当に家庭の教育方針やこだわりに合致しているかをじっくりと考えた上で判断したほうがいいです。

　そして、今でも思うのは、中学受験のゴールを志望校に入

るだけにしてはだめだということです。自ら志望校に憧れ、入学したらやりたいことがある子供なら、ゴールはすでに複数持っています。少なくとも二つはあるはずです。

一つは志望校の合格、もう一つはその学校でやりたいことです。そうすると、合格した後、自然的に第二のゴールに向かって頑張っていくかと思います。

しかし、現実はそうではないです。多くのご家庭では合格というゴールしか見えていないです。それだけでいっぱいいっぱいです。特にただ有名な難関校だから受けたい場合および成績が芳しくない場合はなおさらです。

なぜ、ゴールを合格することだけでは足りないのでしょうか。小学校受験であれ中学校受験であれ、ほとんどの場合、親の希望と子供への「あなたのためだから」からスタートします。途中で一緒に学校について調べたり、説明会を聞いたり、学校見学をしたりして、子供たちに夢を膨らませます。

合格できたら、うまく次の目標を学校で見つけられればいいですが、特になければ、一部の子供は定年退職後のモードに入る羽目になります。やっと毎日の苦しい勉強から解放されたからです。

志望校に合格できなければ、まるで中学受験が失敗したような虚しさと挫折感に襲われがちです。なぜなら数年の年月をかけ、長く続けた習い事を辞め、高学年に入って旅行すら

ほとんどできず、おまけに数百万円もかかったのですから、結局"投資失敗"したと考えがちです。けれどもこうした考え方は大間違いだと思います。

　中学受験は勝敗しかない試合だと思っていませんか。特に日本では中学受験はほぼイコール中高一貫の6年間の居場所の争奪戦です。そしてその居場所によって、歩んで行く日常と付き合う仲間はまた違うでしょう。勝敗の結果を気にしないわけがないです。ただ、結果ばかり重視すれば、今までの努力、一生懸命に克服した弱点、勉強の習慣などが全部見えなくなります。見えたとしても、子供と親を慰める言葉にしかならないです。でもそうではないのです。重要なことが身に付いていて、それを今後に生かせます。だから、中学受験のゴールは絶対○○中学校に合格することだけとしないほうがいいです。そして、プランB、プランCなどの代案をしっかりと作ることをお勧めします。

10　わが家のストーリー

　長男は4年生から中学受験に向けて準備し始めました。それまで学校の宿題以外の勉強は一切したことはありませんでした。入塾した直後にテストを受け、偏差値は国数平均でわ

ずか30でした。ろくな勉強習慣もないですし、私たちは長男の幼いころ、学習習慣とか基礎学力などというぼんやりしている概念より、毎月確実に入ってくる給料に興味を持っていました。ゆえに長男は勉強する習慣を全く持っていませんでした。

　当時、私は中学受験について、何もわからず、塾の先生に志望校を聞かれた際、「旦那は立教大学だったし、大学の一番仲の良い友達は新座に住んでいるから、新座駅にある立教の中学校にします！」と答えました。まるで立教新座中学校は偏差値30でも、簡単に入れるような言い方で先生は愕然と私を見つめました。

　そんな状況で、急に中学受験モードに入っても、処理しきれないのも当たり前のことです。1ヶ月経ったころ、もう諦める気満々になりました。なぜかというと、中学校に合格するどころか、宿題をなんとかしてほしいというレベルだったからです。応用問題は全くできない上に、基本問題も間違いだらけでした。状況を認識した後、私は目標を修正すべきだと気づきました。

　塾の先生と相談した上、しばらく宿題を基本問題のみにして、応用問題をさせないようにしました。目標を立教新座中学校から現実に着地するようにしました。別に"臨時"志望校を諦めたわけではないですが、それよりもっと重要なおか

つ緊急なことを直視すべきだと考えました。それは自主的に勉強することとコツコツと頑張り続けることを身に付けることです。この努力し続けるというのは、一日朝から晩まで勉強し続けることではなく、一日少しずつでもよいから、継続して勉強を続けることです。

　たとえ息子がすべての志望校に落ちても、自主学習と努力し続けることを身に付ければ、一生役立つノウハウとなることをやっと悟りました。

　そして、うちの中学受験の中核は○○校に合格することではなく、自主的に学習することと頑張り続けることとしました。さらに、なぜ中学受験をさせるの？　と自問自答の繰り返しをしました。確かに最初、中学受験のスタートはとても適当でしたが、なぜやめずに最後まで頑張れたかというと、中学受験の三つの意義をみつけたからです。そして、途中で折れたり、ブレたり、やめたかったとき、この三つの意義という原点に戻り、続ける原動力を再びチャージしました。

　うちの中学受験の意義は以下の通りです。参考程度ですが、ぜひご家庭の中学受験の原動力を作ってください。

1．自主的に勉強できることと頑張り続けることを身に付けること

2．○○大学を見据えて勉強すること

3．○○中学校に合格すること

　1番目は中学受験の意義だけではなく、うちの教育方針でもあります。一生を貫く方針です。中学受験してもしなくても、第一志望に合格してもしなくてもブレない原則です。この原則に基づいて学習する場合、自分も息子も点数で一喜一憂することから脱却できるようになりました。テストの点数が芳しくなくても、焦点を原因探しに当てることができました。

　息子の英検もパソコンも最初の1年間に先生から最低限のルールを学び、その後マイペースで独学路線で歩んできました。教育方針を徹底した結果です。最初は短気で勉強嫌いだった息子が少しずつコツコツ努力できるようになっていくことは、英検の合格証明よりずっと誇らしくて、安心できました。この習慣は一生の宝物となります。途中で自ら捨てない限り。

　2番目の、なぜ大学を見据えて勉強するかです。前述のように、息子の学力のスタート地点はとても低かったのです。そして、途中で志望校を変更し、公立中高一貫校に切り替え、

併願の私立中は一つもありませんでした。要は落ちたら、そのまま地元中学に行くことになります。なぜこんな危ないことをするかというと、一つの理由は「お金」です。

最初、中学受験にしたのは本当に流されたような感じで、全く知識０の状態からなんとなく中学受験させようという軽い気持ちでした。いろんな情報を仕入れて、自分もわかるようになったら、私立中学校の費用は無視できない問題になってきました。妹もいるし、考えた末、滑り止めの私立中学校を一切用意しませんでした。落ちても、前述の１番目のノウハウを身に付けていれば、そのノウハウを高校受験に活かせばいいと思いました。これは当時のうちの事情で決めた方向ですので、お手本として真似することはお勧めしません。後悔してしまう可能性が十分考えられます。ぜひご家庭の教育方針、要望、通える学校の候補、学校でやりたいこと、経済状況など冷静に分析した後、判断しましょう。

大学を見据えることは長期目標として設定することゆえに、たとえ志望校に落ちても、この長期目標があれば中学受験が失敗したという結論になりにくいです。今までの努力はもちろん中学受験のためですが、さらに遠い目標のための貯蓄となります。失敗なんてありません。成功するか、途中で諦めるかしかないです。どんな形の失敗でも成功までには付き物だと思います。

3番目の、志望の中学校に合格する目標ですが、手が届く具体的な目標がなければ、頑張っている最中に迷いやすくなります。この志望校の合格は最終目的ではなく、中期目標に設定するのがベストかと思います。

　多くの方は志望校の合格を最終目標にしています。ただこればかりに気を配ると勉強の本質に直面する余裕がなくなってしまう恐れがあります。塾の成績とそのテストの偏差値に一喜一憂しやすいです。もし志望校の合格を長い学業の一環としてとらえられれば、長い目で日々の学習目標を計画することができます。

　重複になりますが、中学受験であれ、小学受験であれ、ただ学業の道の一環でしかありません。この学校に受からないと終わりだ！　なんてことはありません。中学受験を通して身に付けた学習ノウハウは、真の宝だと思います。

　息子は本番前日、雑談のときにこのように言いました。「2、3年前の自分を思い出してみると、雑で簡単な計算でも凡ミスだらけ、頭使うのは苦手で、文章問題を解くとき、プロセスが一つ以上の問題であればすぐ正気を失い、ブチギレたり、泣いたり、暴れたり、諦めたりしたね。国語の読解問題の苦手な物語文と直面すると、暴言を吐きながら『こいつの気持ちがわかるかよ！』とリビングの真ん中で叫んだね。英語のスペルを暗記させたとき、Eight や White など少し覚

えにくい単語でノートをごちゃごちゃにしたね。

　今の自分はどうだ？　凡ミスをだいぶ減らせたね。頭を使う問題と睨めっこするとき、冷静に条件整理ができるね。自ら問題を作ったりテスト結果を分析したりすることができるようになったね。インプット、アウトプット、フィードバックの循環を各科目で自由自在に実現できるよね。ママと先生のフォローなしでスケジュール管理をバッチリと組むことができるね。嫌でもやるべきことを諦めずにやってるね。この３年間かかった時間、精力、金銭は一つも無駄にならなかった！　むしろボロ儲けしたかと思う。だから明日の本番、いつものテストの気分で挑んで、何も特別ではない。受かったら錦上添花、受からなくても損にならない」

11　中学受験に関するへんてこりん　Ｑ＆Ａ

　これから記す回答は模範解答ではありません。ただ自分の考えと試行錯誤の結果です。参考程度にお読みいただければ幸いです。

Ｑ　塾の個人面談では、どんな相談をすればいいでしょうか。

Ａ　どこの塾に入っても定期的に個人面談を行うかと思いま

す。基本的に、個人面談は先生にとっては仕事の一部です。特に集団進学塾の先生方は普段忙しいですし、担当のクラスは一つに限りませんし、子供一人一人を細心の注意を払って把握し切ることは至難の業です。むしろ不可能ではないかと思われます。頼れるのは記憶と子供のテストのデータぐらいです。よって、量産型の面談はパターン化されることは珍しくないです。先生の決まり文句も生徒のパターンによっていくつかに分類され、うまく保護者に対応できれば、仕事が一件落着です。こちらが自ら先生に確認したいことや教えてほしいことを事前に準備しなかったため、いざ面談となっても、30分も経たずに内容の大半を忘れた経験がないでしょうか。

　ここで、先生への質問例を挙げます。これらの質問をそのまま先生に投げかけるのではなく、これらの質問例を読んで、ご自身の質問リストのヒントにしてもらえればと思います。

（質問例）　**宿題をちゃんとやったのに、国語の成績が芳しくないのはなぜでしょうか。**

意図　先生の協力を得てうまくいかない原因を明確にすること。

　ベテランの先生であれば、生徒のテストの解答からある程度原因を分析できるはずです。当時、長男（5年生）の個人面談のとき、この質問に対し、先生は直前にあった国語のテストの例を出してくださいました。読解問題の問題を読むと

き、よく具体的な条件を読み漏らす癖があることが発覚しました。例えば、下記から二つ選んでくださいと記載してあるのに、一つだけを選んだり、記述問題の字数を無視したりするのが頻出していました。記述した箇所が合っていても部分点しか稼げないもったいないミスでした。改善策として、問題を読むとき、詳しい条件の箇所に線を引いたり囲んだりしよう、と提案していただきました。

（質問例） 4科目のうち、得意科目が一つもなく、興味を持っている教科もなければ、優先的に何からスタートすればいいでしょうか。

意図 塾の先生にプランニングの助けを求めることです。ほとんどの場合、中学受験の道を選ぶのは親ですので、責任を持って子供の後ろ盾になる覚悟をすることは親の使命だと思います。学校で苦手はなくても、塾のテスト結果によると、4科目全部が苦手科目になる状況は珍しくないです。こんなとき、効率よく点数を上げていくプロセスで、先生の力を惜しみなく借りましょう。

（質問例） クラス上げしたければ、4科目の平均評価（偏差値／合計点数）は後どれぐらいアップしなければいけないですか。

意図　学習目標の明確化です。子供にとっては、親の「もう少し頑張ればクラス上げができると思う」などの抽象的なアドバイスより、「1教科につき約8点アップできれば偏差値は○○まで上がる。言い換えれば、各教科ケアレスミスを2、3問ずつ減らせば一つ上のクラスに行けるよ」といった具体的な数字と具体例がわかりやすいと思います。

（質問例）　適性検査の小論文の評価基準は何でしょうか。

意図　課題目標が明確にわかっているかどうかです。

　適性検査の小論文だけではなく、すべての記述問題も同様で、点数を獲得したければ、奇想天外な想像力より着実に評価基準を踏みながら、「正しい」ポイントを書くことです。いくら文章として華麗で奇抜な発想でも評価基準から逸れると残念ながら得点はできません。

（質問例）　第一志望校は公立中高一貫校ですが、併願に適切な私立校を紹介してもらえますか。

意図　先生の情報源をうまく利用してください。

（質問例）　読解問題で、文章を読む時間は何分以内に設定するのが妥当でしょうか。

意図　読解問題を読む時間の詳しい提案を求めることです。

「読むには時間がかかりすぎです。もっと早く読めばテストのときに時間を稼げます」などの回答は漠然としていて、結局どうすればいいかわかりません。

「5分以内に読み終わるため、具体的に何をすればいいでしょうか」などの質問は実際の勉強に役立つ質問です。

　1回個人面談をしたからといって、偏差値が劇的に上がることはまず少ないでしょう。ただ漠然と量産型面談を受けるより、一つや二つ具体的な問題を解決できればと思います。

Q テストが嫌い、テスト前のストレスがひどいです。改善策がありますか。

A　進学塾のテストの頻度は高いですし、科目数が多いです。特に5年生に入って、テストがない週は少ないです。こんなに頻度が高いとテストに対する気持ちは子供の勉強に対するモチベーションに影響を与えます。

　成績が優秀な子供は、テストが嫌いで毎回ストレスを感じるということは少ないでしょう。成績が普通な子供なら、テストに対する気持ちは複雑で、ほぼ毎回のテストで芳しくない成績を持って帰る子供はテストが嫌いな傾向があります。大人も同じで、実績がなかなか出せない営業マンは仕事の楽しみも少なくなるでしょう。

長男も最初そうでした。勉強もできなかったし、テストの成績もひどかったのです。歯を食いしばりながら、「テストなんて大嫌い」と唸ったときもしょっちゅうありました。そんなとき、いろんな工夫をしました。確かに短期間に成績アップすることは難しかったのですが、短期間でテストに対するネガティブな気持ちをポジティブに変えることができます。もちろん、子供によってかかる時間が違ったり、なかなかできなかったりするかもしれません。しかし、もしもうお手上げであれば、以下のことを1回やってみる価値があると思います。

●塾のテスト当日に必ずご褒美があります。たとえ結果がとても悪くても約束のご褒美を与えます。会社の基本給みたいなものです。実績が悪くても最低限の賃金を支払うものです。

●ご褒美の中身をよく考えることです。お金がかかるものをなるべく避けたほうがいいかと思います。うちの場合、好きなゲームの遊び時間を10分間延長することでした。え、10分間のゲーム延長なんて、短くない？と思われるかもしれません。確かに一日のゲームの遊び時間が2、3時間の子供にとっては、旨みが少ないです。うちの場合、ゲームの遊び時間は平日原則20分、土日は40分ほどしかないで

す。特別に遊び放題のときもありますが、多くはないです。平日20分に対してさらに10分追加されると、大きいですね。

● 4科目のうち、成績が予想より良ければ、さらにボーナスがあります。例えば、いつも悪い社会は平均点を超えたら、ゲームの遊び時間をさらに15分間延長します。算数もケアレスミスがなければすごいとして、遊び時間をさらに15分間延長しよう、など親判断でボーナスを与えます。ボーナスを与える前に必ず明確な理由を先に伝えます。子供はどれぐらい追加時間をもらえるかなぁとうきうきします。たとえ成績は全滅の場合でも、最低限の10分間の追加タイムを確保できたら、損は一つもないです。

● たまに総合順位が急激にアップした場合、普段買わないケーキなどを家族全員分買ったり、外食したりします。食べる前に、みんなでテストを受けた人に感謝します。子供にとって、まるで自分の稼ぎで家族にいい暮らしを提供したような達成感を感じるでしょう。実際にお金がかかるのは親ですが。

　うちの場合、普段から外食は比較的多いので、ほとんど普段食べないご馳走を買ってくることが多いです。このプロセスのポイントは家族全員ぐるみであることです。ただのご馳走ではなく、子供の努力のお陰で、家族全員がご馳走を食べられることはとても大事です。

子供もいつか基本給に満足できなくなり、ボーナスをもらうために勉強に対するモチベーションのアップに繋がります。

　一番難しいことは、悪い成績を見つめながら、平常心を保って子供との約束を守ることです。赤字と戦いながら社員に支払うべき給料を一円も減額させず、約束通りに支払う気持ちが複雑になるのはわからなくもないです。ただで塾に通わせているわけではないですし、毎月の月謝と対等な成果を求めたい気持ちは間違っていないです。しかし、現実はそんなに甘くはありません。甘くない現実とどうやって直面するかという価値観と行動力を子供たちは親から見習います。

Q　中学受験、説明文と物語文はどちらが重要ですか？

A　好き嫌いで言えば、私は物語文が大好きで、説明文が嫌いです。しかし、この説明文に対する苦手意識が中学受験全科目の足を引っ張っているかもしれません。

　結論から言うと、中学受験をする子供にとっては、説明文が得意であれば、受験にとても有利だと思います。

　中学受験は４科目が定番です。算数、国語、理科、社会です。

　まず国語を見ていきましょう。中学受験の国語はよく長文読解を中心に出題されます。ほとんどの学校は物語文と論説

文を出題する傾向です。稀に物語文しか出さない中学校もありますが、主流は物語文と論説文です。特に国語において論説文の比重は約半分を占めています。論説文というのは筆者の意見・主張・仮説を証明する文章で、少し主観的な説明文だと理解していいと思います。ほとんどの場合、説明文ほど堅苦しくないですが、説明文を読むときと同じ論理的思考力が必要となります。

　算数のメイン出題形式の文章問題は立派な説明文ですね。たとえ長い文章問題の中で花子さんや太郎君など登場人物がいるとはいえ、本質は説明文だということには変わりがないです。

　理科と社会はなおさら説明文の塊ではないでしょうか。

　説明文の読解力や理解力は弱ければ弱いほど不利になりがちだと言っても過言ではないでしょう。

Q　どうやって偏差値をうまく利用して、子供を励ましたらよいでしょうか。

A　テストの偏差値の上下とともに血圧も上下する親は少なくありません。特に中学受験進学塾のクラス分けの基準はほとんど一定期間のテストの偏差値です。偏差値は安定的によい数値を保っていれば問題ないですが、数値が悪いときの対策について、少し述べたいと思います。

例えば偏差値を5ポイントアップしたければ、点数に換算して何点アップしなければいけないでしょうか。実は一回周りにアンケートをとったことがあります。驚いたことに、ほとんどの方は考えたことがないと答えました。これでは、親が子供にいくら頑張ってもらおう、次はもっとよい成績を取ってもらおう、と思っていても、漠然としすぎています。

　例を挙げると、今回テストの偏差値は50で、目標は55だとします。それでは、何点上げれば偏差値は55まで行くでしょうか。模試によって多少変わりますが、長男が通った塾の場合、約6点でした。要は偏差値5ポイントを上げるためには4科目合計30点を上げる必要があります。そうすると、平均して1科目あたり7、8点ほどアップすればいいわけです。さらに言い換えれば、平均1科目あたり2、3問正解すればいいわけです。わりと理解していたのに点数を失ってしまったところに着目し、得点できなかった原因を分析したほうが頑張りやすいのではないでしょうか。

　前述のように、試験によって偏差値あたりの大体の点数も違います。ぜひ塾の先生に聞いてみてください。

Q　もし下位校しか受からなかったら、それでも入学するか、それとも公立校にして、改めて高校受験を頑張るか、どちらがよいでしょうか。

A　ここで言及している下位校とは、前述の偏差値に基づいた学校のランクわけのところに、偏差値39未満とある学校のことです。繰り返しになりますが、偏差値は学校評価の全部ではありません。ここの「下位」はただ偏差値数値の世界の下位で、学校のランクではありません。偏差値はただ学校の多くの魅力の一つにすぎないということを心がけましょう。

　そもそも下位校に受かったら行くかどうかを考えるタイミングは、受験後ではなく、志望校を選ぶときだと思います。志望校を選ぶとき、必ず明確な理由を作りましょう。第一志望や第二志望ならちゃんとした理由がありますが、第三志望以降から単に偏差値を見て比較的受かりそうということで申し込むと、こんな悩みが出やすいのではないでしょうか。

　まず、高校受験も視野に入れてからスタートです。例えば住んでいる地域に高校の教育資源が豊かで、ご家庭にとって魅力的な高校があれば、中学受験の志望校を少なめにして、万が一どれも受からなければ、高校受験をするのも全然悪くない選択肢だと思います。娘のお友達の一人は中学受験をせず、高校受験するそうです。地元の偏差値が一番高い女子高校を目指したいからと教えてくれました。その高校は一貫校ではないため、目指すとしたら高校受験しかないのです。

　一方、一貫校を目指していて高校受験をどうしても避けたい場合、志望校を比較的多めに選んだほうが無難かと思いま

127

す。その志望校を選んでいるとき、一校一校について真剣に学校の魅力と、そこが家庭の教育方針やニーズに一致するかを確認しましょう。受かったら入る前提で真剣に選びましょう。

　偏差値以外の魅力もたくさんあります。例えば、中学校の偏差値がさほど高くなくても、大学進学実績はそこそこいいところ。校風がよくて、面倒見のいい学校、校舎とグラウンドが広くてのびのびと学校生活を送れそうな学校、先端施設を設け、理数を重視している学校、IB（国際バカロレア）認定校などいろいろあります。志望校選定のとき、偏差値だけに着目せず、学校そのものの魅力を見つけた上で選んだ志望校はどれも素敵に見えます。

　偏差値だけ見て学校を見損なってしまうと、思わず自分をも見損なってしまいます。偏差値が高いお友だちの前で自信がなくなりがちです。何でも数値で測ると視野は狭くなるかと思います。

　ただし、本命校を受験する前に受験の雰囲気や感覚を味わうためのお試し校を除きます。そもそも志願目的が違いますので。

Q　中高一貫校に入ったら、もう塾に通う必要はないでしょうか。

A　一部のご家庭が中高一貫校を選ぶ理由の一つとして、

入ったら塾を卒業できることがあります。それで大学受験のための予備校費用を抑えることができるという考えではないでしょうか。

　予備校なしで名門大学を狙うなら、中学の志望校を選ぶとき、進学校と内部進学率の高い学校をメインで探したほうがいいかと思います。一部の進学校は入学当初から6年後の大学入試を見据えてカリキュラムを作っています。授業後の補講授業もいろいろ用意しています。校内に塾が内蔵されているイメージです。例えば、埼玉県の某有名中高一貫校では先生の指導によって、6割以上の生徒は塾なしで大学受験に挑んだといわれています。残りの約4割の生徒が塾に通っていた目的の半分は苦手科目の克服だそうです。中学校の偏差値が高ければ高いほど塾に頼らなくていいなどの因果関係はありません。もちろん狙っている大学のランクにもよりますが、せっかく必死に勉強し、希望の中高一貫校に入り、高い学費を払った上、進学先は別にどうでもいいというご家庭はないかと思います。可能な限り、子供に世間から高い評価を得ている大学に入らせたいのは普通ではないでしょうか。

　結局、ほとんどのご家庭は中高一貫校に入っても、早かれ遅かれ塾に入ることが多いのではないでしょうか。天下の御三家に合格した生徒の多くも入学早々、再び塾に通うようになります。

もし入学後に学校にだけ頼って、そこそこいい大学を狙うのであれば、学校説明会などの機会で確認したほうがいいです。同じ埼玉県の名門中高一貫校ですが、偏差値や大学進学実績などよりも生徒一人一人の個性を重視している教育方針だと謳っているところもあります。この学校の生徒はほとんど予備校に通っているでしょう。

　最初から大学附属校を選ぶというご家庭は、保険意識が高いご家庭が多いかと思います。ただ、内部進学率が低ければ低いほど、塾通いの確率が高くなるでしょう。よって、子供が入学した後、のびのびと成長させたいという家庭方針であれば、内部進学率は要チェックです。

第4章 | 中学生活と高校受験

この章では、中学受験をしないで地元の公立中学校に入った場合、どうしても避けられない高校受験の話をしたいと思います。よく誤解されやすいのは中高一貫校の生徒の学力は地元中学の生徒の学力に対し圧勝するだろうという観点です。一見、この観点は間違っていないようです。なぜかというと、中高一貫校に入った子供たちは中学受験の道で試練を乗り越え、やっと入学できたということで、小学校でのびのびと過ごしていた高校受験派と比べ、学力が高いのは当たり前でしょうという話です。

　子供やご家庭によっては、中学に入った後の学力変化も発生するでしょう。中学受験を突破し志望校に入ったとたん、宿題に追われる日々から解放され、あまり勉強しなくなる生徒もいれば、学校の勉強に追いつかなくて苦しくなる生徒もいます。一方、地元中学に入って、小学校でたくさんの習い事や旅行や趣味から蓄積してきたノウハウが全開し、学力が急上昇する生徒もいれば、塾や通信教育などのツールを利用して、高い志を持ち、偏差値が高い高校に挑む生徒もいます。学力に関しては教育資源も大事ですが、それよりもっと重要なのは人間そのものです。

1　公立中学校は、入ったとたん高校受験に直面

　ここで言及している公立中学校は義務教育の学区内の公立中学校です。公立中高一貫校については、別に述べます。前章で中学校受験についていろいろ話しました。まるで中学校受験が主流のように見えるかもしれませんが、実はそうでもないです。日本で中学校受験が一番盛んな地域はやはり東京都です。大体30％の受験率です。周辺の三県の神奈川、千葉、埼玉は約16％前後のようです。ほとんどの小学生は中学受験せずにそのまま地元中学に入学します。つまり地元中学に進学するのが今のところの主流です。国が、これから私立中高一貫校の学費を条件なしで大幅に負担するなどの政策を出さない限り、これからも変わりはないでしょう。

　ところで、日本の高校は実に面白いです。いろんな特色があります。進学派、部活めっちゃ活躍派、グローバル派、理数ごっつい派、高大連携派、文武両道派、生徒の個性重視派、個性より伝統派、欲張りで何でも強い派、芸術派、スポーツ派、技術派など。そしてほとんどの学校はいくつかの顔を持っています。例えば、進学も強くて、一部の部活も全国大会で芳しい実績を毎年のように出しているなどです。

　高校進学に対する気持ちはその結果に大きく影響します。

家に近ければどこでもいいと考える子もいれば、絶対○○附属高に入りたいと考えている子もいます。中学3年生のとき自分の偏差値と一致する学校に進学すればいいと考える子もいれば、今の偏差値は低いけど、なんとか偏差値を上げ、偏差値60台の高校に進学したいと考える子もいます。勉強は青春を邪魔していると考える子もいれば、勉強は青春の一部だと考える子もいます。考え方や気持ちは学習に対する態度とモチベーションを大きく左右しているに違いないと思います。

　親の教育に対する考え方や気持ちもまた子供に大きく影響しています。勉強は子供自身のことで、どこまでできるか自己責任で、自分の人生に責任を取らせようと考える親もいれば、学業は成功の最大の鍵で、親は積極的に干渉すべきだと考える親もいます。うちの子は馬鹿だ！　勉強なんて向いてないと考える親もいれば、うちの子は天才だ！　偏差値65以下の高校なんて行く意味がないと考える親もいます。勉強よりスポーツや芸術などを重視したいと考える親もいれば、勉強のためなら趣味なんて捨てていいと考える親もいます。将来いい仕事に就いてほしいから、子供に名門を目指してほしいと思ったり、いや、勉強のために好きなスポーツの時間を潰してしまうことはかわいそうだから、やっぱり自然な流れに任せようかと思ったりと、考えが行ったり来たりしている親も少なくないでしょう。

結論から言うと、中学受験であれ、高校受験であれ、子供一人のことではなく、家庭ぐるみの大きいプロジェクトだと思います。場合によっては、前述のように長い間考えが行ったり来たりして、アクセルを踏みながらブレーキを踏む苦境に陥る恐れがあると言っても過言ではないと思います。

2　内申点の世界へようこそ

　高校受験は中学受験とは違います。例えば小学校に入った途端にすぐ中学受験に挑もうというご家庭はやはり少ないです。４年生か３年生から準備を始めるのが主流です。

　しかし、中学校に入った後は、すぐにでも３年後の受験に向けて準備するという意識を持つことはとても重要だと考えています。特に３年後公立高校を第一志望にしたいご家庭ならば、恐らく中学１年生からもう高校受験の戦場に引き込まれ、点数稼ぎに努力しなければいけない局面になります。なぜなら、日本の公立校入試には独特なシステム、内申点の点数換算が存在しているからです。

　内申点は簡単に言えば、学校の成績のことです。各学年5段階の評定で9教科では45点満点の数値のことです。わかりづらいですね。面倒な換算方法は措いておくとして、学校

の中間テストと期末テストの成績を１年生から１点でも高くすることに努めておいて間違いないでしょう。

　地域によって、内申ルールも違います。中１から３年間の成績を見るところもあれば、中３だけ見るところもあります。例えば、埼玉県であれば、中１から中３までの内申点を見ます。言い換えれば、中１の１回目の中間テストから参戦モードに入るということです。高校受験は２年後ではなく、入学してから間もなく緩やかな雰囲気で静かにスタートします。

　一方、東京都の場合、中３の内申点を評定します。面白いことに、そこまで重視されていない音楽、美術、技術・家庭、体育の４教科の内申点を２倍で計上します。要は、主科目ばかりに対応するんじゃないぞっていうことです。困る生徒は少なくないでしょう。学力検査は主科目の５教科で、普段の学習では、副教科の４科目を軽視すると痛い目に遭うでしょう。おまけに英語のスピーキングも追加されました。よくこんな一分の隙もない凄まじい受験システムを作ったなぁと驚きました。

　高校受験は３年生から準備しても大丈夫だとよく聞きます。もし１年生から基礎をしっかりと固め、学校のテストで割といい点数を取れるとしたら、もちろん高校受験は３年生からが本番だと言ってもいいと思います。３年生から準備しても大丈夫というのは、なにも１年生と２年生の間は思い切り遊

べ、うんと楽しもう、勉強のことと受験のことは3年生から考えようということではないと思います。

　大体塾の先生から前述の言葉を聞いた場合、すなわち「3年生は受験の本番」という言葉を1、2年生で聞いたら、今はまだどの高校に行くかなど深く考えなくていい、今のうちは基礎を固めようということを指していると判断します。もうすでに3年生相手であれば、今までちゃんと勉強できていなくても大丈夫、今からでも遅くないよという励ましの言葉ではないかと思います。なぜかというと、1、2年生の内申点をちゃんと稼げなければ、頼れるのは最後の1年間の内申点およびその勉強の成果、選抜試験当日の成績しかないからです。

　そして、要注意なのは、内申点の内容は成績だけではなく、その生徒の学校生活のまとめも記載するため、授業態度や協調性、生徒会やイベントなどで活動する際の活躍なども評価のポイントとなることです。勉強が得意だからといって授業中寝たり、周りの人とペチャクチャ喋ったりすることは賢明ではないと思います。個性も大事ですが、学校生活は集団生活ですので、個性とルールのバランスが取れなければ、学校生活も内申点も芳しくないでしょう。

　内申点を意識させるのは親次第だと思います。中学校に入学する前に、家庭会議で話し合うなどの形で、子供と一緒に

内申点について調べながら、その重要性を共有したほうがいいです。できれば住んでいる地域の調査書の見本を印刷して、具体的にどういったところを見られるかを事前確認すべきかと思います。東京都在住であれば、「中学調査書　東京都」で検索すれば出てきます。成績はもちろん、出欠も、特別活動も、部活の活躍なども重視されるんだということを子供自身の目で確かめたら、もっと頑張りやすいのではないでしょうか。

　例えば、最初は点数稼ぎのためにクラス委員になると決意したとします。そのことは学級作りに貢献している子供自身の成長にもなります。小学校のとき、授業中に手を上げるのが面倒と思っていた子供も意識的に手を上げるようになり、先生に褒められ、自信がつき、もっと積極的に学習に取り組むなどのいい循環が生まれます。たとえ最初は点数稼ぎの"したごころ"だったとしても、結果としては子供の成長と成績に良い影響に与えます。おまけに学校の先生とクラスメートにも喜ばれ、一石二鳥ではないでしょうか。

3　いよいよ高校入試

　私立高校と公立高校を分けて考えましょう。本命校が私立

校かそれとも公立校かで取り組み方が違います。ほとんどの私立高校は英語、数学と国語の3科目、もしくは理社も含む5科目が出題されます。公立高校なら前述の3科目に加えて理科、社会の5科目となります。ここで多い勘違いは、本命校が私立であれば、メイン3教科だけに力を入れればいいという考えです。

　埼玉県の私立高校受験システムで例を挙げたいと思います。一部の読者の方は、うちは埼玉県じゃないから関係ないと思うかもしれないですが、ちょっと待ってください！　埼玉県の仕組みを例題として取り込んで見てください。例題を理解した上で、お住まいの地域について類題として解いてみたらいかがでしょうか。

　埼玉県では確かに受験科目は前述の3教科がほとんどです。ただし、本番の入試前にとても大事な「イベント」があります。この「イベント」を飛ばして、直接本番に挑む受験生は極めて少ないです。本命校は私立であれ、公立であれ同じです。それは埼玉県名物の北辰テストです。埼玉県での知名度はかなり高いですが、一歩埼玉から出たら、認知度は急に下がります。関東圏から離れると、どれぐらい知られているか、わかりようはないです。

　埼玉県で高校受験の中3生にとって、毎回の北辰テストに本番同然、全力で挑んでいくことは普通です。なぜなら、大

体中３の夏以降に北辰テストの一番偏差値が高い成績を持って、志望校の個人面談を申し込んで、確約を取りに行くからです。言い換えれば、就職の内定を取るようなものです。北辰テストの成績を見て、志望校の先生はかなり曖昧な言い方でこの成績は当校の基準を満たすかどうかを言います。もし満たすようであれば、まるで暗黙の約束のように、本番入試の成績がよほど悪くなければ、ほぼ合格だと安心できます。詳細は北辰テストの紹介ではなく、埼玉県民の場合、北辰テストの公式ホームページで調べてください。

　ところで、北辰テストとは一体どんなテストでしょうか。大雑把に一言でまとめると、公立高校本番入試の模擬試験だと思われます。この模擬試験を心底から賞賛しています。なぜなら、北辰テストは掛け値なしで公立校本番入試を意識しているからです。試験科目、出題形式、出題傾向、時間配分など、本番を徹底的に模擬しています。完成度はかなり高いです。一部の読者はもう気づいたかと思います。公立高校入試にそっくりということは、私立を第一志望にしたくても、３科目だけの対策で、残りの２科目を怠るなら北辰テストの総合成績の足を引っ張ってしまう可能性が非常に高いということです。よって、いくら第一志望が私立でも、理社を無視して対策するのは無謀です。

　一方、志望校が都内にある場合、北辰テストは効かなくな

ります。

　住んでいる地域、志望校の場所によって、受験の仕組みは変わったりします。可能な範囲で、早めに調べることが大事です。例えば、小学校を卒業した後、子供と一緒に考えたり、調べたりして情報収集しましょう。前述のように、受験は家庭ぐるみの壮大なプロジェクトです。どんなプロジェクトに取り組んでも、情報収集は不可欠です。そして、情報収集しているうちに、親も子供も受験を意識しやすくなります。家庭内で親子の間で情報を交わしているうちに、受験は２、３年後のことではなく、もうすでに始まっていることに気づき、勉強のモチベーションとやる気に結びつきます。

　ここで強調させていただきたいことがあります。親は一生懸命に情報をかき集め、子供に一方的に危機感を押し付け、偏差値の高い高校を目指せという一点張りは賢明ではないということです。情報収集の作業はぜひ子供を巻き込んで、楽しく行いましょう。受験の仕組みだけではなく、通える範囲でどんな学校があるかとか、学校選びのときに気になるポイントとか、大学進学実績とか、盛んな部活とか、設備とかの情報収集を親子は共同で作業し、意見を交わし合っているうちに、目標が明確になり、もっと頑張りやすくなるのではないでしょうか。

　よくある反論は、勉強が全部ではない、偏差値が高くなく

ても楽しそうな学校はたくさんあるはずだ、という声です。

同感です！　そもそも偏差値一辺倒の所見を持っていません。中学受験の章でもそう申し上げました。

　一例を挙げてみましょう。とあるママ友の悩み相談にのったことがあります。小学校高学年の長男は幼稚園からサッカーを一筋でやってきました。サッカーに対する才能、根性、及び努力はお友達の誰にも負けません。しかし、勉強にはやる気がなかなか出ず、学校の宿題以外の勉強に関しては取り組んでみたものの、長続きしません。親子関係も険悪になる一方でした。そのとき、私が出した提案は、今から部活のサッカーが盛んな高校の情報を子供と一緒に探そうということでした。高校受験と大好きな趣味を強く結びつけることによって、子供の考え方や、勉強に対する気持ちもちょっとずつ変化していくでしょう。

第5章 ｜ 塾選びで重要なこと

塾通いをせずに希望の中学、高校に入る生徒もいるでしょうが、希望の学校に合格するために塾の力を借りている生徒もいます。そこで学ぶのは受け身の単なる受験テクニックではなく、自分で学ぶという姿勢そのものです。ここではそうしたことを頭に入れながら、塾の特徴を記していきます。

1　塾には地域ごとの特色がある

　日本の塾業界は成熟していて、いろんなニーズに応え、細分化していると言っても過言ではないです。特に大きい駅がある地域と文教地区の塾数は半端ではないです。進学の激戦区であれば、塾の激戦区でもあります。

　代表的なのは池袋です。池袋といえば、どんなイメージがあるでしょうか。デパートや飲食店など商業施設が林立した繁華街だと認識されている方は多いでしょう。強いて言えば、オフィス街でビジネスのやり取りが盛んなところです。もっと池袋に詳しい方は池袋の文教の一面もご存じかと思います。立教大学池袋キャンパス、中高一貫校の最難関校と知られている豊島岡女子学園中学校・高等学校や人気男子校の巣鴨中学校・高等学校などの名校を含め、たくさんの学校で賑わっています。

前述のように、進学校があればあるほど、塾の数も種類も多い傾向があります。池袋以外でも、渋谷も新宿も似たような感じです。そして、注目すべきなのは数と種類だけではなく、塾のコースも多い傾向があるということです。要は、家の近くに子供に向いている塾があっても、目当てのコースに入りたければ、池袋などに行かないと受講することができません。

　W集団塾で例を挙げます。W塾のメインコースは中学受験の私立中高一貫校および、高校受験です。私立中高一貫校が志望校であれば、参考リストに入れたほうがいい塾です。ただ、もし志望校が公立中高一貫校であれば、要注意です。このコースを抱えているW塾の校舎はかなり限られています。4校舎しかありません。うち1校舎は池袋にあります。

　同じく有名なN塾の場合、中学受験一本で、日本で高い認知度を誇っています。公立中高一貫コースを設けていないのですが、関連講座があります。N塾に通い、私立も公立も志望校としているご家庭にありがたい講座です。ただし、この公立中高一貫関連講座を設けている校舎もやはりかなり限られています。限られている校舎の住所はやはり交通網が発達した大きい駅です。受講したければ、遠くまで足を運ぶか、Zoomで受けるかになります。

　もう一例挙げましょう。めでたく志望校の中高一貫校に合格できたとします。入学早々、高い志を持ったご家庭はもう

大学入試に強い塾の情報をかき集め始めます。中学校から大学受験の下準備のために引き続き塾の力を借りたいご家庭は少なくないかと思います。

　ほとんどの中学生向けの塾は高校受験や学校の成績アップ（内申点アップ）のコースを用意していますが、中高一貫校の中学生向けの大学受験コースなどはありません。中学受験の章で申し上げたように、中高一貫校の一つの特徴は進度が早いことです。一般の塾では対応しきれないことがあります。

　中高一貫校の中学生のための塾と言えば、恐らくすぐ頭に浮かんでくるのは驚異的な東大合格率を誇っているFeG会（仮名）のことではないでしょうか。しかし、そもそもここに入るハードルは高すぎますし、全国での校舎数は非常に少ないです。実はFeG会以外にも日本全国でいくつかの名塾には中学生のための大学受験コースがあります。ここでは強いて実名を出しません。理由は二つあります。一つは、万が一言及した塾の一部校舎がこのコースをやめてしまう場合、この本を読んで塾に問い合わせした親御さんにとっては偽情報になってしまうからです。

　もう一つの理由はこの本をただの情報本として捉えず、読んでいただく方に自らいろんな情報を調べるきっかけにしていただきたいからです。

　前述の名塾は全国で多くの校舎を抱えているにもかかわら

ず、中学生のための大学進学コースを提供している校舎は各塾ではわずか一部だけです。ちなみに関東では、このコースを提供している塾のほとんどは池袋や渋谷の大きい駅周辺にあります。

　話を元に戻しますと、文教地区の塾数も半端ではないとのことです。当たり前と言えば当たり前です。例えば、浦和区は埼玉県の文教地区だと言われています。その埼玉県の文教地区の南浦和駅周辺は塾銀座の愛称があります。夜になったら、本物の銀座と違う意味の大繁盛で活気が溢れる街だと知られています。こうした文教地区の塾の数と質は優位に立つ傾向があります。一部のご家庭は家探しの条件として、周りの教育資源が重要な要素だとわかります。

2　塾って本当にいろいろありすぎ

　多くのご家庭は塾を選ぶとき、なかなか決断できず、あっちこっちネット情報やママ友情報、専門家のお薦め情報を大量に仕入れ、そこからまた悩みに悩んだ末に一番難関校合格実績を出している名塾か、みんなが薦める塾に入らせることが多いのではないでしょうか。特に前述した大きい駅を利用しているとか、文教地区に住んでいるご家庭は大量の教育資

源からどうしてもわが子にベストな塾を選びたがるものです。

　どの家庭でも塾をころころ変えることには抵抗があるはずです。冒険的な思考より、子供に安定的に成長できる環境を探してあげたい気持ちは極めて当たり前なことではないでしょうか。

　しかし、完璧な塾も塾講師も存在しません。よくお薦めの進学塾がありますかと聞かれます。厳密な正解なんてありません。たとえ同じブランドの塾で、大まかな教育方針や教科書などが一緒だとしても、教室の雰囲気や教師の対応、合格実績など、いろいろ変わるでしょう。

　娘が３年生のときに年に２回の公開テストに、それぞれ某有名塾の南浦和校と大宮校で参加したことがあります。とても印象深い体験でした。同じブランドなのに一方は威厳を感じさせ、いかに国のリーダーを育てようかという自負心をプンプンにおわせています。娘はプレッシャーを感じる、みんな頭が良さそう、押しつぶされそう、ここは無理だと断固入塾を拒みました。ところがもう一方の教室には入ったとたん、とても明るくて、にぎやかなイメージでした。難関校の進学率は前者が上です。こんなとき、あなたならどちらを選びますでしょうか。

　息子が中学１年生のとき、とある大手予備校の中学部の無料体験講座を受けてみました。その翌年に同じ塾の別校舎の

体験講座も受けさせてみました。感想を聞くと、コンテンツは全く一緒だけど、去年に行ったところは少し上品なイメージがあるけど、先生の対応は少し冷たく感じる。今度の教室はもっと人情味を覚え、先生たちは情熱的で質問をしやすいと言いました。

　どちらの塾がいいか、子供によって出された結論は違います。よって、塾選びの前にまず家庭のニーズや子供の性格や通える塾の遠近などを整理してみましょう。例えば、毎年難関校合格者数を一番多く出す塾が家から電車で30分以上もかかる場合、全然問題ないと思われるご家庭もあれば、遠すぎて通うのはしんどいとためらうご家庭もあります。こんなとき、1回志望校の原点に戻ったほうがいいかと思います。もし志望校が中堅校、上位校であれば、そこまで執着する必要があるかどうかという考えです。

　子供の性格も考慮しながら選びましょう。大型集団塾の内部競争は非常に激しい傾向があります。ほぼ毎週、テストがあります。そして、そのテストの結果がクラス分けの基準となります。競争を通し、いい点数を取れればよっしゃー！と達成感を感じ、悪い点数であれば、やばい！　来週のテストでリベンジしようと思う子供は肌が合うのではないでしょうか。たとえ現時点で成績が芳しくなくても、競争を通してもっと上を目指したい気持ちがあれば向いていると思います。

その反面、毎回のテストにストレスを感じて、成績が良ければ嬉しい、悪ければ萎れてしまう、おまけに親もその都度一喜一憂であれば、受験生活はちっとも楽しくないのではないでしょうか。そうした状況なら、もしかしたら小規模の進学塾のほうがもっと向いているかもしれません。ちなみに校舎の大きさや数はそこまで多くありませんが、かなりの実績を誇っている小規模の進学塾もあります。

なお、目指している学校が中堅校か公立中高一貫校の場合、なおさら私立最難関校合格実績を一番出している塾にこだわらなくてもいいでしょう。よって、塾選びの基準はママ友のお薦めや合格実績で判断せず、まずニーズや子供の性格などを分析するところからスタートしたほうが効率がいいと思います。

ただ、合格実績は見ないわけにはいきません。素晴らしい実績の源は優秀な生徒だけではなく、先生方の経験値や授業の質などにあります。特に志望校の実績を注意して見ることです。

例を挙げてみれば、立教新座中学校という私立男子校があります。もしこの学校を第一志望校としてご検討の場合、お住まいの近くの塾の立教新座中学校の合格実績があまり芳しくなければ、少し足を運んで立教新座中学校の合格実績がいい場所の塾も検討の視野に入れたほうがいいと思います。

わかりやすいのは新座駅や志木駅近辺の進学塾で、地域の

便も塾と学校のつながりも考えると、この中学校の優秀な実績を作り出した塾は比較的多いのではないでしょうか。

　あれ？　先ほどまで合格実績ばかりで判断しちゃダメと言っていたのに、いきなりまた実績の話になったじゃないかと思われる方もいらっしゃると思います。最初に触れた合格実績というのは単なる塾のブランドとしての総合的な実績です。後者の合格実績は行きたい学校のニーズに合わせて、ケースバイケースで塾を選ぶ場合のことです。前者はただ数字だけを見ての判断、後者は目標に沿って数字を参考にするという違いです。

　よくあるのは、現段階ではまだ志望校を決めていないし、6年生のときの実力もわからなくて、場合によっては、たとえ今志望校を決めても、6年生のとき、大きく路線変更するかもしれないという心配事です。それはもっともなことです。何もかも数年後のことですし、状況がいろいろ変わるかもしれない中であれこれ決めろと言われても困るでしょう。

　実は、深く考える必要はありません。でも、全く考えないこともよくありません。低学年から子供に入塾させるご家庭の場合、難関校を狙っているケースが多いです。通える範囲の難関校の数があちこちあるわけでもないですから、絞りやすいかと思います。

　一方、まだ方向性がはっきりしていなくても、6年生の実

力で判断し、そのときに実力に合わせて学校選びをしたいという考え方には、私はあんまり賛同しません。仮の目標でもいいから早い段階から子供と一緒に楽しみながら選んだほうがいいかと思います。目標があれば、ないより頑張りやすいことは前章でも言及したと思います。

　ただ、仮志望校とはいえ、適当に選ぶのではなく、いろいろ情報収集したり、ホームページや書物などでも学校研究をしたりした後に出した結論は、きっと数年後の本番の志望校選択にとても役に立つのではないでしょうか。

　説明会を通して、教育方針や教室の雰囲気や志望校の合格実績などの情報がわかってくるかと思います。少しでも気になれば、体験授業に参加させて、最終確認しましょう。

　説明会に参加するとき、先生にいくつか気になる質問を用意したほうがいいかと思います。塾はやはり公益団体ではなく、商売で成り立ちます。説明会に参加するとき、一方的に先生の説明を聞いている受け身なら面白くないですし、塾側からしても、聞いてほしい情報だけを提供しています。個々のご家庭に本当に向いているか、保護者が何も言わなければ、塾側もわかるすべはないです。

3 塾に何を聞くべきか　Q&A

　何を聞けばいいかわからなければ、塾を通してどんな目標を達成したいかや子供の性格や志望校実績などを中心に質問を用意したらどうでしょう。以下いくつか質問例を挙げます。

Q　宿題をしているとき、わからない問題があればどうしたらいいでしょうか。

A　もし先生の答えが「いつでも気軽に聞いてください。わかるまで解説します。ご安心ください」などのすごく響きのいいスローガン式の答えであれば、逆に疑問を持ったほうがよいかもしれないです。

　理由は二つあります。一つは、ほとんどの子供は自ら先生に質問する習慣がないからです。特に勉強が不得意な子供たちはその傾向が強いです。先生に質問することはまるで上司に自分の仕事の問題点を曝け出すような行為で、我々大人でもなかなか前向きに行えない行動なのに、子供が気軽に先生に聞けるかといえば、少しハードルが高いのではないでしょうか。もちろん個人差はあります。先生もそれを承知した上で、前述のスローガンを唱えるのかもしれませんが。生徒のために本当に役立つやり方とはどういうものでしょうか。

もう一つ理由があります。ほとんどの場合、生徒に質問されたら、先生は生徒に親切に答えるものだと思います。先生方も自分の教え子たちにはいい成績を望んでいるわけですから。ただ、わかるまで解説するスタンスは先生にとっては一番楽だが、生徒の成長にはそこまで役立たない恐れがあります。なぜなら、生徒は常に受身で教えを乞うばかりになってしまうからです。わかりやすい解説は言われた通り理解できても、いざ類題を出されたら、すぐ解けるかというと、そうでもない可能性が十分考えられます。

　本当に生徒を主役にする塾であれば、先生へのちゃんとした質問の仕方があるはずです。例えば、質問をする前にもう1回知識を確認する。また質問をするとき、「第2問がわかりません」などの聞き方はNGで、「第2問はここまでできましたが、ここからわからないです」とか「最初からわからないのですが、この文章問題の条件整理をしてみました。今日習った速さの公式が使えそうですが、時間がわからなければ直接公式で解けないですね」など、自分の考えた過程を先生になるべく詳しく伝えたりすることです。質問への対応が終わった後、重要な部分を生徒が先生に解説するようにしてもらうのもよいかと思います。これらは一見して面倒そうですが、生徒を主体にすることで、この問題だけではなく、今後同じジャンルの問題も自力で解けるようになります。

Q 家に近い○○中学校が気になりますが、この学校の合格率はどれぐらいでしょうか。

A 大手塾はよくホームページで塾全体の合格者数を載せて、とても華やかそうに見せます。前述のように、合格者数の本質は合格個数のことです。1人の生徒が複数の学校に合格したら、合格者数も複数となります。正直個々のご家庭にとっては、抽象的な数字でしかないです。

通うかもしれない塾の合格率は具体的な参考資料となります。できれば、○○中を受けた生徒は何人で、そのうち何人が合格したかを確認できたら、もっとわかりやすいかと思います。20人中3人合格と5人中3人合格とでは重みが違います。

Q この間の模試で偏差値は40未満でした。どこかお薦めの学校がありますか。

A この質問はしないほうがいいです。なぜなら、塾側が素早く偏差値40前後の学校をいくつか羅列し、薦め始めることが多いからです。別に偏差値40前後の学校が悪いわけではないのです。そもそも偏差値は学校選びの基準の全部でもないです。ただ、まだ入塾前のとある模試の偏差値がどこまで参考価値があるかの問題です。間接的に保護者にうちの塾に入って、3、4年経っても今の偏差値と大した変わりはな

いでしょうと言っているようなものです。

　長男は人生で初めての模試の偏差値はピッタリ30でした。当時、私には偏差値などの概念はなくて、単に夫の母校に好感を覚え、その大学の附属校を第一志望にしようかなぁと思っただけでした。面談のとき、先生は息子の模試の成績を眺めた後、慎重に言葉を選びながら、私を見つめました。間をとって、「お母さん、ここの附属校もいいですが、他のいくつか素敵な学校をお勧めしたいです」と言いながら、学校のパンフレットを持ってきました。そして、先生からパンフレットの学校の特色の説明を受けて、疑問だらけのままで帰りました。

　受験の知識は皆無だったため、おかしいと思っても、どこの何がおかしいかもわからないのでした。その後、いろいろ調べたり、勉強したりして、やっと先生はなぜ前述の大学附属校を避けて、別の学校を勧めたのかを理解できました。当時の息子にとってあの附属中との偏差値の壁がまだ分厚かったためです。

　先生は「3年経ってもこの子には無理でしょう」と僅か1回の模試の結果で判断し、もっと現実的な学校を親に勧めるべきだと思うかもしれません。もしこの提案が6年生の夏前後で出されたとしたら、すごく有難いです。しかし、受験までまだ3年間もあるのに、安全志向の提案ばかり出されたら、

弱気にしか見えないです。先生が塾の実力に自信がないのか、それとも生徒の成長に自信がないのかわかりませんが、本番スタート前からもうすでに子供の可能性のゴールを設計済みの塾は、私はあまりお勧めしません。

Q 宿題の量は多いでしょうか。子供にとって多く感じる場合どうしたら良いでしょうか。

A 「はい、中学受験だから学校より多いのは当たり前です」とか「思ったほど多くないでしょう」などの答えは答えていないと同じだと思います。

そもそもこの質問の要旨は何でしょう。実は、一部の逸材を除き、ほとんどの生徒にとって、○○偏差値に辿り着くには、勉強する量と質が決まっているようです。要は、授業でどれだけ吸収したかです。一方、時間あたりの宿題をどれだけできているかも期待偏差値に届くかの鍵となります。

頭の回転は速くて授業内容の定着はいいのに、宿題を怠けたり、答えを写したりする場合、明らかに演習の量を満たさないことがわかります。この場合、難しい問題が解ける実力があるにもかかわらず、基本問題のところでケアレスミスで点数を失う恐れがあります。

一方、先生が出していた宿題に真面目に取り組んでいて、場合によっては、寝る時間を削って身を粉にして宿題をした

のに、テストの成績が芳しくない場合、宿題の効率が悪い可能性が高いです。1問あたりにかかる時間が平均より長いか、宿題の正答率が低い、などが考えられます。遡って、授業内容の定着が悪い恐れがあります。

　ですから、宿題の量と質は本当に大事な指標で、忠実に成績に反映すると言っても過言ではないです。

　宿題をどこまで重要視しているかが、いい塾の判断基準の一つになるのではないでしょうか。残念ながら、教えっぱなしのところはやはりあります。宿題をやるかどうかは自己責任で、先生とは関係ありません。ある意味では宿題は確かに自己責任です。さすがに先生に一人一人の宿題の面倒を見てもらうのは物理的に難しいです。個別指導なら有りかもしれないですが、進学塾の主流の集団塾ではとにかく無理かと思います。

　しかし、宿題の重要性や正しい宿題の取り組み方や、毎日計算練習をすることの意義、さらに宿題をやる理由などを子供と保護者にしっかりと伝えるところはやはり信頼できると思います。特に生徒の日々の宿題を見て、その宿題の問題点を発見し、保護者に適切なアドバイスを与えられれば、家庭での学習に非常に力になるかと思われます。そして、宿題の量が多く感じる生徒に対して、この生徒にふさわしい提案ができるところなら、保護者も安心できるでしょう。

例えば、「夏休み明けまでとりあえず応用の部分をやらなくていいから、量を減らした分、基本問題をやるときのスピードアップを意識しよう」とかです。目標は基本問題の正答率を保ち、今よりスピーディに完成させることです。スピードアップが実現しない限り、応用問題に目を配る余裕も出てこないので、まずそこからです。計画通り進められれば、休み明けから応用の第1問を追加してみてもいいでしょう。

　逆に同じ質問に対して、先生の回答が「お子様の様子を見ながら、宿題の適量を減らしてみてください」というのであれば、先生の提案力は弱いか、生徒の宿題に関する問題点に対応する余裕はほとんどないかの可能性が高いです。特に塾探しのとき、子供の性格を考え、面倒見の良いところをお探しであれば、こういった細かい質問への対応が、ある程度判断する材料になるでしょう。

4　高校受験＆成績アップのための塾

　近年、中学受験を選ぶご家庭の割合は増えています。東京都内なら、30％前後の受験率で、そのうち一部の地域は受験率が50％弱になっています。激戦区と言っても過言ではないです。※

※令和4年度 公立学校統計調査報告書「公立学校卒業者（令和3年度）の進路状況調査編」
　　　……（東京都教育委員会ホームページ）

159

とはいえ、今のところ主流はやはり中学よりは高校受験です。

東京都から一歩出て、神奈川県、千葉県、埼玉県などの地域の中学受験率は約16、17％となります。要は約80％以上のご家庭は受験は高校からという結果になっています。

そして、多くのご家庭は塾の力を借りるようになります。できるだけいい学校に入りたい気持ちは誰だってわかります。子供が中学校に入ってから、別なところで節約しても、勉強に投資したがるご家庭は小学生のころと比べると多くなることも自然な流れでしょう。

高校受験の塾探しの前に本命は公立高校か、それとも私立高校か、ある程度答えを出しておいたほうがいいかと思います。高校受験のところで述べたように、私立なら3科目が主流で、公立なら5科目および学校の内申点、さらに地域によっては英語のスピーキングのようにオリジナルの入試項目もあります。そして、目指している学校の偏差値によって、対応できる塾もあれば、できない塾もあります。特に偏差値が高い公立高校の場合、入試対策だけではなく、毎回の中間テスト、期末テストもしっかりと対策しなければ、内申点でつまずいてしまいます。そして、地域によって、オリジナルのテスト（例えば、埼玉県の北辰テスト）対策や東京都の英語のスピーキング対策まで詳しい塾はやはり大手の集団塾です。情報力も経験力も授業の質も高いかと思われます。

ただ、こういった大手集団塾は、テストで入塾の可否やクラス分けを細かくすることがほとんどです。授業の進捗も学校より遥かに早い傾向があります。例えば、某名塾の特訓クラスの場合、中1の終わりに中2の内容を、中2の終わりに中3の内容を全部終わらせ、中3に入ると新しい内容はほとんどなくて、入試のための応用問題や過去問を中心に取り込んでいます。たとえ特訓クラスでなくても、進度は学校よりだいぶ早いのが普通です。

　この猛烈な速度に追いつきながら、学校のテスト勉強も行わなければいけないということです。処理能力と努力の相乗効果がどこまで行くか、結果は違います。

　ついていけないと、苦しくなるでしょう。特にご家庭の希望が高い偏差値の公立高校で、子供の実力はまだそこまでいかない場合、塾でのプレッシャーは相当なものかと思います。とても苦しくなるなら中小塾や個別指導を選択肢に入れてもいいと思います。

　塾選びで保護者の目に入りやすいのはやはり実績だと思われます。気づいた方も多いでしょうが、窓ガラスに合格実績を貼ってある塾もあれば、成績アップ実績を貼ってある塾もあります。実は、塾の強みと傾向が実績からチラ見できます。合格実績、特に難関校合格実績を多数掲示し、アピールしている塾は偏差値が高い高校に強い傾向があります。もちろん

進度が早くて、難易度も高い傾向があります。高い志を持っている生徒にとっては要チェックです。

一方、もし塾の窓ガラスに成績アップ実績や「全員高校合格」などのスローガンが貼ってあれば、難関高の対応は弱い可能性が高いです。地域の偏差値65以下の高校をミドル層として運営しているかと思われます。逆にそこまで難関校にこだわらないご家庭や学力が高くない生徒にとって、参考になるかと思われます。ひたすら難関校実績を追うより、ご家庭のニーズに合わせて塾を選んだほうがいいのではないでしょうか。

よくある考えは、子供に難関校に強い塾に通わせ、たとえ塾内部で成績は常時下位で、偏差値が高い高校に合格できそうではなくても、中堅校ぐらいなら余裕で合格だろうと考えるケースです。確かにそうかもしれないです。もし目標が中堅校、下位校に合格することなら、悪くない選択でしょう。

ただし、2、3年間ずっと早い進度を追いかけ続け、難しい宿題の正答率も、テストの正答率も悪くて、基礎の定着が悪いままで進み続けると、劣等感を覚え、自信を喪失してしまう傾向があります。かろうじて中堅校か下位校に合格したとしても、達成感を覚えづらいでしょう。特に難関校での実績をバンバン出しているところでは、ついつい周りと比較してしまい、勉強の楽しみやモチベーションが下がる一方にな

りやすいでしょう。勉強なんてうざい、高校受験なんてさっさと終わらせてしまおうと思われたら、本当にとても残念です。勉強を嫌いになった気持ちをそのまま高校に持っていくことは、間違えた塾選びの最大のデメリットではないでしょうか。

　難しいことに、やってみないと、本当に子供に合うかどうかはわからないです。もし本気で子供に勉強に対する意欲をなくしてほしくなければ、親はまず成績で激しい感情の起伏を起こさないようにすることからスタートです。毎年難関校の実績をバンバン出している塾では、成績を真ん中ぐらいに保つだけでも容易ではありません。もし毎回のテストの成績が下位に沈んでいる場合、子供に頑張りたい気持ちがあれば、成績が下位でも親は怒らず冷静に受け止めて、応援しましょう。可能であれば、一緒に原因を分析したり、宿題の量の増減を考えたりすると子供も心強くなるでしょう。

　絶対口に出してはいけない文句は「毎月いくらかかると思ってるの？こんな成績で納得させるわけ？」などです。まるで上司がノルマを達成できていない部下に文句を言っているようです。そもそも親子関係は上下関係ではありません。塾でついていけない上、家であれこれ言われたら、どう感じるでしょうか。勉強へのモチベーションはどうなるでしょうか。

　結論から言うと、塾は受験生のお手伝いの役割なので、合

わなければ、無理やり付き合う必要がないのでは、ということです。受験の主体はやはり生徒です。学習の計画性、自ら何とか現状を突破したいというモチベーション、辛くても頑張り続ける努力など、自主的な要因はいい結果と結びつくのではないでしょうか。有名な塾に入ったから期待できるとは限らないです。名塾や名講師は素晴らしい武器だとしても、使いこなせるかは個人の問題です。ほとんどすべての希望を塾に託すことは禁物だと考えられます。

第6章 | プログラミング教育は可能性の宝庫

受験のために塾に通うにしても、一番大切なのは、自分で自主的に学習する習慣をつけ、どう進めていくか、どう実行していくかです。単に教えられたことを受け止めるだけではなく、問題解決の能力を身につけることです。

今後、日本を含め、世界ではプログラミングの知識が必要とされ、小・中・高校の学習に加えられ、受験科目にさえ加えられます。このプログラミングを学ぶことは、何より「自分で」学習する習慣をつけることに役立ちます。

そこで、最終章では、この点に触れたいと思います。

1　一般人が可能な高収入の仕事を目指すには？

2007年から日本の団塊世代が退職のピークを迎え、日本企業は外国人学生を積極的に採用し始めました。

夫は大学院に行ったため、私より2年も遅れて2009年に日本で就職しました。

ある日、二人でこんな会話を交わしました。

「もう小遣いを出さなくていいよね」

夫はバイトもしていましたが、卒業するまでに私が当然のように小遣いを出してあげていました。

「今までありがとう、これから逆に出してあげるよ。だって、

ぼくの初任給は君の今の給料よりも多いから」

「偉そうね」

「まあね」

「ま、修士号をとっても学部卒よりせいぜい2万円ぐらいしか変わらないでしょう？」

「会社が違えば、全然違うよ」

夫は変顔しながらふざけてきました。

私だって、ちゃんと業界研究をやってきたから、「全然」と言えるほどの差はないことぐらいわかっています。

「じゃ、初任給はいくらか言ってみてよ」

「年俸504万円、月収42万円、手取りは大体38万から39万ってとこかな」

夫はにやっとして言いました。

それは約十数年前の外資系IT企業の相場でした。

民間調査によれば、外資系企業の初任給は400万〜900万円※1だそうですが、英語ができないといけないとか、成果主義とか、退職金が出ないとか、この本の読者の皆さんにはマイナスなキーワードが頭をよぎるかもしれません。

正直に言うと夫の初任給を聞いたとき、たとえ同じサラリーマンだとしても、業界、仕事の内容によって最初から距離が開いていることに驚きました。

「もし高年収を維持し続ける人生を目指すなら、何をすれば

よいのか？　それで、どうやって高年収を得られる外資系企業に就職できるのだろうか？」

と、思わず考えるようになりました。

厚生労働省の統計[※2]によれば、日本の高収入職業ランキングでは「医師」「大学教授」「航空機パイロット」「会計士、税理士、弁護士」などが上位を占めています。

納得です。その職業に就くハードルの高さはイコール収入の高さのようですね。でも、もうちょっと普通の一般人でも目指せるところはないでしょうか？

高収入の業界を見てみると、「メーカー」「金融」「総合商社」「IT・通信」がトップランクです。業界は広いので、会社によって収入と入社の難易度が違うことが容易に想像できます。

そして、日本社会は公平性が高く、外国人でもほとんどの職業に就くことができますし、どの業界にも活躍している外国人がいます。

つまり、高収入の業界を目標にすれば、個人の国籍や人種を問わず、頑張り次第で目指せると思います。

では、何を、どのように頑張ればよいのでしょうか？

まず、「何を」について話しましょう。

大学の就職課の先生によればどんな組織でも人材を見極め

る際、基本的に二つのスキルを求めます。

　それは「コミュニケーション能力」と「知識を身につける能力」です。年齢や性別と関係なく、社会で生きていく上でこの二つの能力は必須です。

　私の理解では、「コミュニケーション能力」はイコール「お客さんや同僚の話を聞いて理解できるかどうか」のことです。「知識を身につける能力」は「その職業と業界で食べていくための専門スキルをどれぐらい早く習得できるか」のことです。

　具体的には、外資系企業で働こうとする日本の方にとって、その企業で使用されている外国語を「聞いてわかる、話せる、書ける」スキルの総合はコミュニケーション能力となります。

　日本人以外の方にとって、コミュニケーション能力は前述の「外国語」を日本語に置き換えることです。

　この点においては、幼少期から日本に来た外国人はそんなに苦労しませんが、中学・高校から日本で生活する方にとっては少し大変です。

「知識を身につける能力」については日本人か外国人か関係なく、ある客観的な基準で測られます。

　それは学校での成績です。

　もし、外国で生活することになったら、兎にも角にも現地

の言葉を学んでコミュニケーション能力を身につけるべきです。それと同時に自分の教育レベルあるいは職業によって進学か専門スキルの資格を取得しましょう。

　良い成績あるいは資格を取れるということは「勉強ができる」ことを証明しただけではなく、外国語で三角関数のような複雑な知識を理解できたり、熟練するために並々ならぬ練習を重ねてきたことの結果でもあります。

「でもさーー、サイン、コサイン、タンジェントを学んでも、人生の中で一度も使わないから、何の意味があるの？」という方は意外にどの国にもいます。

　しかし、数学のような複雑な学問は、学んだことを日常的に使うということより、人間の頭脳を訓練し、複雑な問題を分析・解決する能力を養うことが教育の大きな目的です。

　数学以外にもその人間の頭脳の訓練となるのが「プログラミング教育」だと思います。その能力を養い、コミュニケーション能力があれば、将来高い収入を得る職業に就く可能性も高まります。

　余談ですが、今トレンドになっている「生成AI」をフル活用するためには、まさに「コミュニケーション能力」とこの章のテーマを結ばなければなりません。

　本章のテーマである「プログラミング」を勉強するプロセ

スは、数学教育と同じ効果がありますので、日本政府は初等教育から取り入れたのだと思います。

　当然ですが、「プログラミング」と「数学」は違います。特に日常的に「使う、使わない」のところでは決定的に差があります。

　ここからは「どのように頑張れば？」についての話です。「プログラミング的思考」および「プログラミング技術」は現代社会での必須スキルになっています。
「プログラミング技術」については理解しやすいと思います。
　例えば、数時間かかるデータ整理やグラフ作成のような事務処理でも、「マクロ」か「VB（ビジュアルベーシック）」という「プログラミング技術」を使える従業員は短時間でプログラムを作成し、完成させることが可能です。残念ですが、そうしたことができない方の仕事はだんだんなくなります。
　その「プログラミング技術」を支えるのは「プログラミング的思考」です。
　これはある種の「思考回路」か「考える習慣」だと言えるでしょう。
　面白いのは「プログラミング技術」を使わなくても、「プログラミング的思考」だけでも問題解決には結構役に立つこ

とです。

　例えば、「子供が文章題を解くことは苦手」という問題があります。

　通常の考え方で問題を解決しようとする場合、算数の練習量を増やしたり、よりわかりやすく解説する算数の先生を探したり、叱ったり、褒めたりします。

　どの解決法も筆者を含めて皆がやっていることです。運が良ければ効くかもしれませんが、算数の点数が梃子でも動かない場合もあります。

「プログラミング的思考」で問題を解決しようとする場合はどうなるでしょう。

　まず対象である問題を分解することから始まります。

　では、「子供が文章題を解くことは苦手」を分解してみましょう。

　と、言われてもチンプンカンプンと思いますが、本書では日本語の特徴である「漢字」を使って鍵括弧の中身をバラバラにしてみます。

子供　が　文章題　を　解く　こと　は　苦手

　最初に二つの熟語が目に入ります。

１．子供

２．文章題

　次に、動詞と形容詞である漢字があります。

３．解く

４．苦手

　この四つの熟語の中で、「子供」は主語、「文章題」は目的語であり、「解く」という動作の主体と受け身です。その動作の状態、事態を表すのは述語である「苦手」の一言です。「苦手」の意味は明白です。

　問題視されている状態──「苦手」を解決すること、つまり目的は「苦手」を「得意」に変化させることも自明ですけれども、「どうやったら上手になれるのか」が新たな問題として浮上してきました。

　同じ方法で「どうやったら上手になれるのか」を分解してみましょう。

５．上手

新しい問題は最初の問題から取り出した部分なので、「上手」と「文章題」および「解く」の関連性がわかります。つまり、新しい問題も最初の問題も共通している部分は「文章題を解く」ところです。

　ここまでは当たり前のことを回りくどく言っているようですが、次のステップからやや難解となります。

　もう一度同じことを行います。

　共通している部分である「文章題を解く」行動を抽出して分解しましょう。

「文章題を解く」プロセスを書き出します。

① 問題文全体を読む。
② 問題文を「条件」と「質問」に分解する。
③ すべての「条件」を箇条書きにする。
④ 「条件」を抽出し並べ替えたり、組み合わせたりして
　　「質問」との関連性を見つける。
⑤ 式を作り、計算、検算、回答。

　いかがでしょうか?

　普通に想像していた「文章題の問題文をよく読む」という漠然とした方法とちょっと違うのではないでしょうか?

このプロセスを理解したら、解決したい問題にそれぞれの
プロセスを置き換えれば、解決への方向感覚がだいぶ変わります。
　例えば、「子供が文章題を解くことは苦手」の下線部を、
前出の①に置き換えると、「子供が問題文全体を読むことは
苦手」となります。

　であれば、算数の練習量を増やすより、国語の「文章を読
む」時間を増やすべきだということがわかります。

　もちろん、この取り組みによって国語の成績アップも期待
できます。

　「プログラミング的思考」によって導き出した解決法は前述
した皆がやっていた方法よりも効率が良くなっていることは
わかると思います。この効率の良さは「論理的思考」との
重要な違いでもありますが、メリットは「効率」だけではあ
りません。

　文章題を解くプロセスについてあまり書き出したことはな
いかもしれませんが、「分解、列挙、抽出、関連性」などの
キーワードは「プログラミング的思考」と一致していること
にも気づいたと思います。

　これは「プログラミング的思考」を運用できる場面が非常
に広いことを物語っています。

　さらに一歩進んで、「プログラミング的思考」のプロセスは

マニュアル化されやすく、繰り返すだけで一定の成果を得られることで論理的思考よりもずっと汎用化に向いています。

　つまり、「プログラミング的思考」を身につけたら勉強だけではなく、社会でも十分に力を発揮できるジェネラルスキルになります。

2　プログラミングの知識は武器になる

「プログラミング的思考」は「プログラミング」をやって身につけられます。

　もちろん、日本の教育機関は行動を取っています。

　ご存じの方も多いと思いますが、2020年度から「プログラミング」は日本の小学校で必修科目になりました。小学校のみならず、中学校は2011年度、高校はなんと2003年度から「情報」という必修科目が設けられていました。

　この流れを汲んでプログラミングを試験科目として導入した中学校はもちろん、関連資格を持っている受験生を優遇したりする中学校もあります。そして、私が知る限りすべての大手塾はプログラミング教育を取り入れていました。

　さらに、高校では2022年度から元々一つの教科である「情報」から、「情報Ⅰ」と「情報Ⅱ」の二つに分かれ、データ

ベース技術などの専門性をある程度深められるように改革されました。「情報Ⅰ」は2022年度から必修科目になったことに対し、「情報Ⅱ」は2023年度から始めた選択科目です。しかし、2022年度の東京都第1回都議会定例会の場で小池都知事が「情報Ⅰ」よりも発展的な内容を教える「情報Ⅱ」を履修した高校生の確保に意欲を示しました。

そして、2025年1月からついに「大学入学共通テスト」の基礎教科には「情報Ⅰ」が「国語」「数学」「英語」と並ぶようになります。

つまり、プログラミングに関連する知識は大学入試で戦う武器になります。

しかし、入試だけではありません。

やがて社会に出る際、前述したように就職、そして年収にも影響するでしょう。

これで「プログラミング教育」の重要性がわかると思います。

では、日本の学校では具体的にプログラミングについて何を教えているのでしょうか？

● 小学校

・**目的** : 小学校においては、文字入力など基本的な操作を習得、新たにプログラミング的思考を育成。

・**ポイント** : 各教科等の特質に応じて、児童がコンピューター

で文字を入力するなどの学習の基盤として必要となる情報手段の基本的な操作を習得するための学習活動や、プログラミングを体験しながらコンピューターに意図した処理を行わせるために必要な論理的思考力を身に付けるための学習活動を計画的に実施することを明記。
【総則】※3

● **中学校**

・**目的**：中学校においては、技術・家庭科（技術分野）においてプログラミング、情報セキュリティに関する内容を充実。

・**ポイント**：「計測・制御のプログラミング」に加え、「ネットワークを利用した双方向性のあるコンテンツのプログラミング」等について学ぶ。
【技術・家庭科（技術分野)】※3

● **高校**

・**目的**：高等学校においては、情報科において共通必履修科目「情報Ⅰ」を新設し、すべての生徒がプログラミングのほか、ネットワーク（情報セキュリティを含む）やデータベースの基礎等について学習。

・ポイント：「情報Ⅰ」に加え、選択科目「情報Ⅱ」を開設。
「情報Ⅰ」において培った基礎の上に、情報システムや多様なデータを適切かつ効果的に活用し、あるいはコンテンツを創造する力を育成。
【情報科】※4

　専門用語が並べられていてわかりづらいと思います。
　わかりやすく言うと、小学校では子供たちに「コンピューターは魔法の箱ではないよ」ということを教えながら、各科目の中に簡単な「プログラミング」でコンピューターを動かしたりして「身近な存在である」ことを馴染ませます。
　中学校になると、「情報通信ネットワーク」の影響を受けながら、逆に相手にも影響を与えられます。この特性を基にして生活や社会の問題を考えたり、プログラミングで解決を試みたりすることを行います。そして、情報社会で生きていく上での「モラル」を学びます。
　高校に入ると、それまで簡単なテキストさえもなかったプログラミングについて、いきなり「情報Ⅰ」と「情報Ⅱ」の2冊のテキストが配られます。
　その内容は格段に豊富で、プログラミング以外に「モデル化」「シミュレーション」「ネットワーク（関連して情報セキュリティを扱う）」「データベース」、さらに「情報システム」

「ビッグデータ」「人工知能」などが盛り込まれています。[※4]

　算数は数学の基礎であり、理科は物理・化学の基礎であり、小中で1000時間以上に習ったことが積み重ねられ、高校でさらなる高度な知識へ進みます。[※5]

　しかし、文部科学省が定めた時間割を見ると、小学校では専門のプログラミング授業の時間数は定められていません。

　中学校では「技術・家庭科」の「技術分野」でプログラミング（情報の技術）が扱われています。中学3年間、「技術・家庭科」のトータル授業時間は175時間、「情報の技術」を含めて計七つの内容に振り分けられます。[※6][※7]

　平均すれば一つの内容に25時間しかないのですが、「情報の技術」にはさらに下記の四つのテーマがあり、「プログラミング」と関連するのはそのうちの二つしかありません。[※8]

（1）生活や社会を支える情報の技術
（2）ネットワークを利用した双方向性のあるコンテンツのプログラミングによる問題の解決
（3）計測・制御のプログラミングによる問題の解決
（4）社会の発展と情報の技術

　つまり、高校で「モデル化」や「人工知能」を習う前に義務教育の小中学校で基礎を作り上げる時間は25時間未満、

プログラミングに触れられるのは4時間程度です。それで、9年間で1日しか勉強したことのない科目が高校だけではなく、大学入試でも問われます。

　令和7年度（2025年）から「大学入学共通テスト」で出題される国語、地理歴史、公民、数学、理科、外国語および情報の7教科中、義務教育を入れて通算授業時間は「情報」が最少になります。

　今までの「大学入試センター試験」では「情報関係基礎」という選択科目がありました。受験時に選択しないことで文系も理系も避けて通ることができました。しかし、必修科目となった以上、情報は英語と同じになり、苦手でも何とかしなければなりません。

　ただ、このデメリットを逆手に取ることもできます。

　あの名作漫画「ドラゴン桜」（三田紀房）で、東京大学の理科二類を目指すなら、英語で差をつけられるとあったように、自分が進みたい得意ジャンルで競うこと以外に差がつけられるものができたのです。

　つまり、本書で紹介した学習塾や進学塾で同じレベルの成績を取っている生徒が、大学入試の際に「情報」で差をつけ、最終的にレベルの高い大学に合格できる可能性は十分に出てきました。

「情報」の試作問題を見ると、他の科目と同じく暗記に頼る知識問題もあれば、推理力と思考力を問われる問題もあります。※9

当然のように、難易度は後者のほうが圧倒的に高いです。イメージは数学の問題に近いです。

ここで一度「情報」という共通テストの科目をまとめてみると、その勉強方法は数学に近く、問題を解くための公式や定理を覚え、大量に練習する必要があります。当然、練習は情報関連基礎知識と「プログラミング的思考」の応用になります。つまり、多大な時間を割かなければ、良い成績を取るのは難しいでしょう。

その効用は理系を目指す生徒が入試の英語で競争相手に差をつけることができるだけでなく、人生の中で必ず役立つ「実学」でもあります。

社会に出ても大学院に進学してもずっと人生のアクセルになり得るので、時間をつぎ込む価値は高いです。

3　プログラミング的思考の身につけ方

ここで一つ面白いことを話しましょう。

日本で生活している外国人は、英語よりも日本語を習得す

ることが優先です。けれども、筆者の周りでは、元々英語の苦手な人が日本に来た後、バイト先や学校で期待されていつの間にか英語のほうが上手くなりました。

似ているような話ですが、主に広東語や客家語を話していた香港出身の方は日本に来た後、なぜか北京語を以前よりも自由に操るようになりました。

心理学の観点から見ると、「上手」になるまできっといろいろ複雑な原因とプロセスがあるのでしょう。

しかし、異国で生活し始め、周りの日本人に期待されたことこそが、元々少しだけの基礎が大きな木に成長できた一番重要なきっかけだと、私は考えています。

いかがでしょうか？　皆さんは似たような経験はありませんか？

期待は外側からの「きっかけ」でありとても重要です。ですが、基礎は一人一人の内側にある「種」で、外側の「きっかけ」よりもっと大事です。

外側の「きっかけ」は「期待」から「需要」、「危機」などに置き換えてもよいですが、内側にある「種」がなければ何にもなりません。

スティーブ・ジョブズ氏が大学で西洋の書道（カリグラフィー）を習って、それが今のコンピューターで使うフォントの「種」になりました。

習った知識やスキルを使うチャンスが来たら使えますが、習っていなければ、そのチャンスは逃げます。そして、どこかで習った一見無駄かと思われる知識と現実の需要を融合し、新たな創造を行うことも到底あり得ません。

　その話は「プログラミング的思考を身につける」こととどんなつながりがあるのか、と思われるかもしれません。

　答えは「効率」のところにあります。

　前述したように日本政府の方針では、義務教育の段階では「プログラミング教育」に振り分けられた授業時間が非常に少ないです。

　高校に入ると、文系理系問わずにいきなり大量の関連知識とスキルを習得しなければならないので、練習は受験中心になることも想像しやすいと思います。その中で「プログラミング的思考」を身につけられる生徒はどれぐらいいるでしょう？　日本で暮らそうとする外国人生徒にとってはさらに難しい課題になります。

　「プログラミング教育」に早めに取り組むことは一つの解決法ですが、英語のように低学年から継続的にプログラミング教室に通わせれば、多大な費用がかかります。

　そのうち中学受験、高校受験、大学受験の勉強がとても忙しくなります。

　余裕のあるうちに始めてもせっかく学んだ「プログラミン

グ技術」が廃れてしまい、結局「プログラミング的思考を身につける」ための役に立ったかどうかはわかりません。しかし、何もやらないと受験に不利なだけではなく、将来の就職や収入にも響きそうな感じがします。

学校教育だけで「プログラミング的思考」を身につけることは難しいようです。

このような難しい問題に出くわしたら、「プログラミング的思考」で考えてみましょう。

結論から言うと、できるだけ早めに内側の「種」をまき、外側から育つ「環境」を選ぶ取り組みが一番効率が良くなります。

例えば外国の方の中には言語の「種」があり、日本の「環境」で育ちます。

環境が適切であれば、いくつかの「種」が同時に成長し、相互作用が働き、期待以上の実りすら期待できます。

またまた、偉そうなことを言って、では具体的に何をすればいいのか教えてくれ、と思う方がいるかもしれません。

そのために必要なのが、私が猛烈にお勧めする「自立学習」です。

そうです。「自立学習」のシステムを駆使すれば、独学でも「プログラミング」およびその関連知識を身につけられる

でしょう。むしろ「プログラミング」は他の教科よりも「自立学習」にピッタリだと思います。

今一度本書で提示した「自立学習」のシステムを復習させてください。

１．学習意欲（モチベーション）の喚起
２．学習意欲（モチベーション）の維持

本書で提示する「自立学習」システムは一風変わっていると思われるでしょう。

世の中に転がっている独学法は大体次のようなものです。

１．自分の学力を知る
２．目標を明確にする
３．目標達成までの差分はどれくらいあるかを明確にする
４．差分を埋めるための学習スケジュールを立てる
５．毎日進捗を確認する
６．必要に応じてスケジュールか目標を見直す

このような方法は学習者がすでに「勉強したい」という気持ちを持っていて、学習法を求めているところからのスター

トでしょうか。

　この独学法に対して「自立学習」は勉強したい気持ち、つまり学習意欲（モチベーション）を呼び起こすところから始めます。

　その次に、途中で投げ出すことを防ぎ、確実に成果を出せるように「さらに勉強したい気持ち」を保つ、いわゆる「自立」する方法です。

　もっと明確に言うと、「自立学習」は勉強のためだけではなく、最終目的は「自立」にあります。

　では、「自立学習」システムが具体的にどのように働くかについて、「プログラミング教育」を使って説明しましょう。

1．学習意欲（モチベーション）の喚起

「自立学習」システムにはたくさんのバージョンがあります。

　私は学習意欲について考えることは一番先に取り組むべきと考えています。

　学習意欲を喚起することはイコール「種」をまく段階です。「プログラミング教育」の種まきは他の学科よりも簡単だと思います。なぜなら、現代社会はプログラミングなしでは成り立たないからです。

　モチベーションも「外」と「内」の両方があり、「外」よ

りも「内」のほうが重要です。外側から「きっかけ」を与え、内側から探求心を芽生えさせることができれば、「種まき」は完了です。

　ゲームでプログラミングの「種まき」をする過程を例にして説明してみましょう。

　スマホでもPCでも有名なゲーム専用機でも100%ゲームソフトを入れて遊びます。そのゲームソフトはもちろんプログラミングの産物です。

　仮に、ゲームで遊んでいる最中に「このステージで二段飛びできたら簡単にクリアできるじゃないか」との一言を思わず口にした方がいたとします。

　このとき、隣に「そうだね、その二段飛びを作ってみましょうか？」と言ってくれる方がいれば、プログラミングを始めるきっかけになるでしょう。

　我々個人を取り巻く環境がプログラミングによって作られていますので、きっかけになり得る物事を簡単に見つけられます。

　難しいのは「種」となる「きっかけ」が本当に芽生えたかどうかの確認です。

　実は、今の時代ではまだそれを確認できる手段がなく、当人の行動から推測するしかありません。

もし、「やってみたいですね！」と返事が来たり、自ら関連情報を調べ始めたりする場合、「種まき」の狙いが成功したと考えてよいと思います。

こちらの例では、モチベーションを喚起してくれる人がいると仮定していますが、自らでも試すことは可能です。

例えば、自分が一番好きなゲームの動きなどを考えてみたり、手を動かしてそのゲームの一つの動きを真似してプログラミングを行ってみたりすることもモチベーション喚起につながるでしょう。

しかし、「種の発芽」を確認することよりずっと難しいことはあります。それは「芽を育て続ける」ことで、いわゆる「モチベーションの維持」です。

2．学習意欲（モチベーション）の維持

「独学」などに挑戦したことのある方は、ほとんど「モチベーションの維持」のところで壁を感じたことがあるでしょう。ごく自然な考えだと思われます。

本書の「自立学習」システムでは「学習意欲を維持する」という難題に対し、「アウトプット」することで立ち向かいます。「アウトプット」とは、「出力」や「輸出」と訳されることが多いようですが、私は「生産高」という意味として使いたいと思います。

何回勉強した知識を使い、どれくらいの「生産高」を得ましたか？

　ここでいう「生産高」の定義を書き出すとそれだけで１冊の本になりそうなので、割愛させてください。とりあえず、賞状、褒め言葉あるいはシュークリームくらいのご褒美も「生産高」と考えてください。

「生産高」という収益を得ることによって、勉強した知識は「使えるもの」だと学習者が感じたら、しめたものです。

　そう感じさせる方法は平たく言うと「仲間を作る」ことです。つまり、アウトプットの対象になってくれる仲間を探します。

　簡単そうですが、実はいろいろ難しいです。プログラミング教育において、専門教室を活用して仲間を探すことはできますが、どんな教室をどう選ぶか、どのように使うかが問われます。

「教室はたくさんありますので、自分に合うところを選んでください」と言うのは無難ですが、筆者はあえて「自立学習」の観点で明確な選別基準を出したいのです。

　その前に、本書のテーマに沿ってまず日本にある「プログラミング教室」について紹介させてください。

　近年、プログラミング教育に取り組む塾や教育機構がたくさん出てきました。

さまざまなプログラミング言語、オン・オフライン授業形式などいろいろな違いがあります。

一番よく見かけるのは「ロボット教室」、「プログラミング教室」と「コンピューター教室」です。

順を追って解説いたします。

●「ロボット教室」

名前の通り、「ロボット教室」はロボットを制御する目的でプログラミングを行います。その過程の中でプログラミングを勉強させるアプローチです。

対象は小学校低学年から中学生までのところが多いです。

教材は「レゴ」、「アーテックロボ」など名だたる会社が出したものを使う教室がほとんどです。ほかに、ヒューマンアカデミージュニアロボット教室では、有名なクリエーターや学者とコラボして開発されたカリキュラムが使われています。それらのカリキュラムには全国の教室から集まるアイディアを教材として取り入れています。

実験用のロボットはブロックで組み立て、車輪かトラックベルトとアームが付いていて、工業用ロボットのイメージです。

授業はロボットの体を組み立てることから始まります。

ロボットの体はレゴのようなブロックで作ることが多いですが、その「脳」に当たる部品は制御ユニットと言います。

体ができた後、ロボットの制御ユニットとパソコンを接続し、専用アプリケーションでロボットに「前進、後退、回転」などの命令を作り、制御ユニットに送り込みます。

　実際、ロボットが命令通りに動くかどうかを見て、命令を見直したり追加したりします。まとめてみると、授業は次のプロセスから成り立っています。

● 計画
1．実現したいことを決めます。
2．実現するために必要な作業（プロセス）を検討、そして決めます。

● 作業
1．ロボットの体（ハードウェア）を組み立てます。
2．ロボットの魂（ソフトウェア）を吹き込みます。

● 思考
1．ハードウェア部品の役割を認識し、空間、力、電気の相互作用を観察、そして考えるきっかけになります。
2．ソフトウェアはプログラミングを行う成果物です。その過程ではロボットの動作や順序を理解し、効率的に結果を導くことを考えるようになります。

このプロセスは一見シンプルですが、たくさんメリットが

あります。

１．いわゆるプログラミング的思考を身につけられます。

２．ロジカルシンキングの基本を身につけられます。

３．計画（Plan）、実行（Do）、実行過程の観察（Check）、結果

　　解析（Analyze）、いわゆる PDCA サイクルを身につけら

　　れます。

４．教室によって生徒の作品を発表する場を設けたり、コン

　　テストに参加させたりします。プレゼンテーション能力

　　を培うのが目的です。

５．理科や数学の勉強にも役立てられます。

６．失敗の繰り返しを克服することで打たれ強くなります。

　デメリットは下記の三つが考えられます。

１．教材を購入するための費用が高いです。

２．直接入試問題とはあまりつながりません。

３．メジャーなプログラミング言語を使わないことが多いの

　　で、社会に出た後のメリットは限定的となります。

●「プログラミング教室」

プログラミングを教える教室です。

「ロボット教室」とのターゲット層は同じで小中向けは多いですが、一部社会人向けのところもあります。

ここで一つ、予備知識が必要です。

プログラミングは「プログラミング言語」で行うことは広く知られています。その「言語」は「テキスト言語」と「ビジュアル言語」に分類できます。

テキスト言語は文字を並べてコンピューターに命令を出します。

ビジュアル言語は視覚的に見える一つ一つのブロック（命令セット）を並べてコンピューターを動かします。

「プログラミング言語」の分類方法は他にもいろいろあります。

次のセクションでも少し説明します。

「プログラミング教室」では実物のロボットを使ったりしませんが、ビジュアル言語を使った入門レベルのカリキュラムがメインです。

代表的なのはやはり「SCRATCH」というマサチューセッツ工科大学で開発されたビジュアル言語であり、プログラミングの啓蒙以外にも結構高度なプログラムを作成できます。

「SCRATCH」のほか、「QUREO」、「Blockly」、「Viscuit」な

どを使っている教室もたくさんありますし、公立小中学校もこれらの言語を使って授業を行っています。

　ですから「プログラミング教室」で習ったことは学校のテストに出る可能性も高くなります。

　授業は基本的に「計画」「実行」「振り返り」の三部構成になりますが、指導もほとんどなく、ゲームで遊ばせるだけの教室もありますので選択する際にくれぐれも注意しましょう。

　デメリットとしては、授業が抽象的になるところが一番の難点だと思われます。

　そして、コマンド（命令）を出すたびに動いてくれるロボットからは、達成感を感じにくいとおっしゃる方もいます。

　このようなデメリットを補うために「プログラミング教室」は「micro:bit」などの実験教材を導入することで対策しています。

●「コンピューター教室」

　仕事あるいは趣味でコンピューターを使いたい社会人のための教室です。

「ロボット教室」や「プログラミング教室」よりも歴史が長く、最近子供向けのカリキュラムを提供するところも出てきました。

コンピューターの基本操作から専用ソフトのカリキュラムまで扱われています。

例えば、Microsoft Office（Excel, PowerPoint）、CAD、Java、Python などが挙げられます。

この例の中のプログラミング言語としては Java、Python があります。

もちろん、前述した「テキスト言語」に分類されていますが、他にインターネットに使われているものもあれば、機械を動かすために作られた言語もあります。

仕事探しや資格取得がメインの目的です。

中学、高校、大学受験の際に優遇される資格もありますので、気になる方は志望校の募集要項を確認してください。

デメリットは共同作業が少なくて仲間を作ることが難しいことでしょう。

アウトプットも資格取得の一本なので、モチベーションの維持にも強い意志が必要です。

以上、現在日本で見かける「プログラミング教室」の主な種類とその特徴を挙げてみました。

どのように選んだら「自立を促す仲間」を見つけられるの

でしょうか？

　兎にも角にも、まずは費用対効果です。

　自分の経済力に合うところから考えましょう。

　なぜこれを一番先に出したかというと、高いところは良い
ところとは限らないことを強調したかったからです。

　数十万、ないし数百万円を一括で払って○×ソフトを習得
すれば仕事を紹介すると称して募集する教室もありますが、
結局、紹介できる仕事が少なすぎてトラブルに発展してしま
うこともあります。

　かけられるお金をしっかりと計画した上で、次の基準を
参考にして教室を見学していきましょう。

1．学習の目標およびスケジュールの作成

・教師：学習者を主体とした目標設定およびスケジュール
　　　　作成ができる教師はいますか？

・生徒：教室に自分と共通の目標を持っている生徒はいます
　　　　か？　いない場合のフォローについて教師は考えて
　　　　いますか？

2．目標、スケジュール、学習方法の実行および見直し

・教師：目標達成スケジュールの進捗をモニタリングで本当
　　　　に実行していますか？

スケジュールが間に合わない場合、学習方法あるいは目標の見直しを行っていますか？

・生徒：目標達成できた人数や達成率は満足のいくものですか？

3．インターネット上の無料ツールの活用

・教師：無料のリソースを使って勉強する方法を教えてくれますか？

無料ツールやコミュニティを使う際の注意点（セキュリティ、トラブル防止）を教えてくれますか？

・生徒：スクラッチコミュニティ、GitHub などについて知っていますか？　活用できていますか？

4．自他による学習成果の評価

・教師：最終目標だけではなく、段階的な目標も成果として評価してくれますか？

・生徒：自分の最終目標と段階的目標を明確に言えますか？
目標達成するまでに自分は何をやっているかを言えますか？

5．サイドエフェクト

・教師：英語の読解力はありますか？

・生徒：タイピングはレベルアップできましたか？

　以上の五つの基準をすべて満たせる教室を見つけるのは難しいと思いますが、足りない部分について自ら工夫して補うことも「自立学習」の一環と考えましょう。

　そして、これらの基準は学習者のモチベーションを維持し、心の中の「種」を大事に育てる環境への道しるべにすぎません。その環境は学習者の「自立」を促す教師と生徒（仲間）で成り立っています。

4　仲間とともにより高い成長を

　現代社会においてプログラミングは一人で黙々と行う作業と誤解している方は多いのではないでしょうか。その誤解は「プログラミング教育」の目的である「プログラミング的思考」にも影を落としています。

　事実、優れたプログラマーはブログ、チャット、メール、コミュニティなどの手段でありとあらゆる外部リソースを自らフル活用しながら出会った難題を解決します。

　つまり、プログラマーは自主的かつ外向的でなければ、成長し難い職業です。

もちろん彼らが使う「プログラミング的思考」は閉鎖的で暗い考え方ではなく、現実に基づいた効率的な問題解決手法です。

　同様に、自立学習は周りから隔離することではなく、手に届くリソースを自ら上手く利用できて初めて成り立つ勉強法です。

　どちらも良い仲間がいれば、より広くより高く成長できることは自明でしょう。

　そして、独りで日本に留学しに来た外国人にとって仲間はフォローアップ、資源共有、情報共有、さらに、精神的な支えにも非常に重要な存在となります。

　このように「プログラミング教育」は思考力を育んで人と人のつながりを生み、社会全体の行方にも影響するほどの力があると思われ、初等教育に組み込まれたのかもしれません。

　そこまで大きな青写真を見なくても、個人にとっては小遣いをもらう側からあげる側になることのお役に立てるでしょう。

　あなたがその気になれば、「プログラミング的思考」の「種」は必ず木になります。

おわりに

失敗なんて存在しません。成功か諦めがあるだけ

　私が本書を書こうと思ったきっかけは、子供の教育に関心を持っているけれども、何から考えればいいかわからない方に少しでも役に立つためです。

　多くの親は何となく将来子供により輝く人生を送ってほしい気持ちがありますが、どう手伝うべきか、はっきりわかりません。場合によって、一生懸命に勉強することとキラキラの青春を対比してしまう考えやら、学校選びのとき偏差値一辺倒の考えやら、「うちの子はばかだ」と自ら子供の可能性を呪い、逃げ道を作る考えやらさまざまな損になる思考回路に惑うのは珍しくありません。私もそうでした。

　息子のことを、あんな性格では勉強どころか問題を起こさなければ万々歳だ、と何回考えたか覚えていないくらいでした。勉強を通してその性格の弱点も一緒に克服しようなどという考えは、勉強の手伝いをしている最中にやっと気づきました。

　なぜ幼稚園から高校まで全部羅列するかというと、長いスパンで学業を見て、今からプランを作ってみていただくためです。この「今」は幼稚園であったり、小学校であったり、

中学校であったりするでしょう。「中高一貫校に入らなければよりレベルの高い大学から遠ざかる」「大学附属校に入れば今後の道は楽で平坦になる」などの考えは、恐らく人生の輝きをとある段階に賭けてしまったようなものだと思います。この考えに基づくと、理想的な中高一貫校に入れなければ、「受験失敗」だと認定し、自己否定してしまいがちです。

　私は以下にご紹介する観点に大賛成です。そして、私はその観点に自分の考えを少し加味してみました。皆さんとシェアしたいと思います。

　「本当の失敗なんてほとんどありません。あるのは成功か諦めたかだけです。なぜなら、一回一回の失敗は成功に辿り着くまでには付き物です。失敗を避けたければ諦めるしかないのです。もし成功したければ、失敗とうまく付き合いましょう」

　ところで、読者の皆さんは、せっかく高校についてまで書いたのに、なぜ大学についても一緒に書かないのか、と思われるかもしれません。もし本書を読んでいただき、少しでも役立つとしたら、子供が高校に入って自分の進路について自分で考え、自分で調べ、自分でその進路のためにどのように計画的に努力するか、という段階に至るのではと思います。そうなれば、もう親のお手伝いなんて必要ありません。即ち手伝うなら高校までだと考えているからです。

私は日本の教育について、中国の SNS「小紅書」(学渣妈在日本）を通して、在日中国人の親御さんと将来日本に来るかもしれないご家庭に対し、発信しております。この本を手に取った中国人の親御さんがいらっしゃったら、ぜひフォローしてみてください。

（張婧）

*

親が子供にしてやれることを考える

　昨日、中三になった息子の三者面談に行きました。

　秋の午後には心地よい風が吹いていて、深呼吸をしながら歩くと、木々の葉はゆっくりと色づき、地面にはカラフルな落ち葉が散りばめられていることを楽しめました。

　自分の中学校時代を思い出すと思わず笑いました。
　私の父と母はこんなに軽い気持ちで学校に行けなかったでしょう。

　息子の新しい担任の先生が一番気にしていたことは黒板消

しクリーナーの掃除を忘れたことでした。

　成績もクラスメートとの人間関係もさほど話題にならなかったが、息子本人は今回の中間テストではもっといい点数を取れるはずと悔しさを、一応、口にしました。

　私も妻も息子の勉強を本人に任せてほぼ三年間経ち、彼の成績には満足しています。

　公立の中高一貫校ですので、高校受験をしなくて済むから、塾も一時的でした。

　おかげでリソースを妹に集中できるようになりました。

　いろんな意味で息子に感謝しています。

　三者面談が無事に終わって、珍しく肩を並べて家に向かいました。

　家の中と違って息子は普段教えてくれないことをいろいろと喋りだしました。

　今年の英語ディベート大会の準備や、彼が作ったゲームのダウンロード数が5000回を突破したことや、どうしても見せてくれない彼が作ったアニメの再生数はついに100万回の大台にのった……

知らないうちに、とある友人のブログを思い出しました。

「一部の革新は無意識に達成されます。

　創造力の高い人は、内なるモチベーションを持てるキャラクターです。

　外部要因、特にコントロールは、創造力を深刻に損なう可能性があります。

　しかし、外部要因は、創造力の育成に対して3つの側面から助けることができます。

　子供たちの基本的なスキル、自己規律を育てること。

　情報提供、創造過程で必要な知識を増やすのに有利です、例えば教育を受けるチャンス。

　外部要因によって設定される目標は、内部要因による目標と一致し、人が努力の習慣を身に着けるまでの困難な時期を、導きながら一緒に乗り越えること。また、外部要因が返すリアクションは、人が努力した結果と一致する必要がある。

　例えば、人が努力したことを称賛したりする行動は、創造過程において実際に価値があります。

……」※10

友人は学者肌で生活の経験を小難しいことにまとめるのが好きのようですけれども、ここに書かれているのは自然な行いです。

　人を愛する気持ちの表し方は「良いことでも悪いことでも、言葉と行動で教える」です。

　しかし、現実はそう簡単ではありません。

　何が良いのか、何が悪なのか、いつ教えるべきなのか、どんな言葉を選ぶべきなのか、などなどのことがわかるまでのプロセスは大変な修業です。

　その修業は、親が子供と一緒に頑張る道でもあるでしょう。

　家に着いたら、妻がご飯を作っていました。
「ねねね、あなたの娘を見てよ。今は休憩時間だぞ」

　春に中学受験を控えている娘が、また何か悪事を企んで妻に捕まえられたかと思ったら、とある中学校の過去問題集を抱えてまじめに読んでいました。

これは異常です。
　いつもなら、休憩時間の一秒でも惜しんで「すとぷり」の動画を見ているはずです。

　「どうして？　何か変なものでも食べさせたのか？」と妻に尋ねました。
　「この間さ、都内の中高一貫校を見学してきたら、そこの過去問をやってみたいと言い出した……」

　帰り道にあったオレンジの木を思い出しました。
　実った果実が夕日に照らされてまぶしい光を放っていました。

（許傳儒）

参考文献

・『イラストで読む！幼稚園教育要領 保育所保育指針 幼保連携型認定こども園教育・保育要領はやわかりBOOK』
（無藤 隆、汐見 稔幸、学陽書房 2017 年）

・『行きたい保育園・行かせたい幼稚園 探していたのはここ！』
（月刊クーヨン編集部、クレヨンハウス 2016 年）

・『小学校受験で知っておくべき125のこと』（日本学習図書2019年）

・『中学受験基本のキ！』第4版
（西村則康、小川大介、日経BP 2020 年）

・『週刊ダイヤモンド 最強の中高一貫校』— 1 ～ 2 教科受験できる
有名私立大学「学部・学科全30リスト」（ダイヤモンド社2021年）

・『週刊ダイヤモンド塾・予備校』— 主要中学受験塾における首都圏
の中高一貫校への合格者総数と学校偏差値ランク別合格者ウエート
（石田達人、ダイヤモンド社 2021 年）

・『2023 年度入試用　首都圏高校受験案内』（晶文社 2022 年）

出典

P.167　※ 1

・Michael Page ホームページ
「外資系企業の初任給はどれくらい？　初任給が高いといわれている理由とは」

・Mynavi Corporation
「外資系企業の年収はどれくらい？　報酬が高い理由は？」

P.168　※ 2　厚生労働省「令和 4 年賃金構造基本統計調査」

P.178　※ 3　文部科学省「小学校プログラミング教育に関する概要資料」「新学習指導要領のポイント（情報活用能力の育成・ICT活用）」

P.179　※ 4　文部科学省「高等学校学習指導要領（平成 30 年告示）解説」

　「情報Ⅰ」では、プログラミング、モデル化とシミュレーション、ネットワーク（関連して情報セキュリティを扱う）とデータベースの基礎といった基本的な情報技術と情報を扱う方法とを扱うとともに、コンテンツの制作・発信の基礎となる情報デザインを扱い、更に、この科目の導入として、情報モラルを身につけさせ情報社会と人間との関わりについても考えさせる。

　「情報Ⅱ」では、情報システム、ビッグデータやより多様なコンテンツを扱うとともに、情報技術の発展の経緯と情報社会の進展との関わり、更に人工知能やネットワークに接続された機器等の技術と今日あるいは将来の社会との関わりについて考えさせる。
なお、プログラミングに関しては、中学校技術・家庭科技術分野においても充実を図っており、それらの学習内容との適切な接続が求められる。

P.180　※ 5　文部科学省「標準授業時数の在り方について」

209

p.180　※6　文部科学省「【技術・家庭編】中学校学習指導要領（平成29年告示）解説」

（1）生活や社会を支える情報の技術

（2）ネットワークを利用した双方向性のあるコンテンツのプログラミングによる問題の解決

（3）計測・制御のプログラミングによる問題の解決

（4）社会の発展と情報の技術

p.180　※7　文部科学省「平成30年告示高等学校学習指導要領に対応した令和7年度大学入学共通テストからの出題教科・科目について」

国語、地理歴史、公民、数学、理科、外国語および情報の7教科を出題の対象とし、それぞれの教科の必履修科目および選択科目の中から出題する。

p.180　※8　「情報関係基礎」

p.182　※9　情報処理学会「情報」試作問題（検討用イメージ）

p.205　※10　原文と日本語訳

原文：

「有些创新是在不经意间完成的。

创造力强的人，都是内驱动型人格。

外部驱动，特别是控制，会严重损害创造力。

外部驱动，只有三个方面对创造力的培养有价值：

帮助培养孩子们的基础能力，包括自律。

提供信息，更有利于增加创造过程中需要的知识，比如教育。

外驱动力牵引的目标，与内驱动力的目标一致，引导人才完成刻意练习，度过一段艰难的坚持期。并且，外驱动力所表达的内容与人才所呈现的结果要一致。比如，肯定人才的行为，确实对创造过程来讲有很大价值。

人类的进步，一定是不断突破系统边界后的结果，这就是创造和创新。

什么样的要素更有利于创造力的发挥？

—— 2022 年 8 月 14 日 朋友圈 读《Berkeley 的 CS 为什么这么牛（四 黄金时期，高考)》感想。」

日本語訳：

「一部の革新は無意識に達成されます。

　創造力の高い人は、内なるモチベーションを持てるキャラクターです。

　外部要因、特にコントロールは、創造力を深刻に損なう可能性があります。

　しかし、外部要因は、創造力の育成に対して３つの側面から助けることができます。

　子供たちの基本的なスキル、自己規律を育てること。

　情報提供、創造過程で必要な知識を増やすのに有利です、例えば教育を受けるチャンス。

外部要因によって設定される目標は、内部要因による目標と一致し、人が努力の習慣を身に着けるまでの困難な時期を、導きながら一緒に乗り越えること。また、外部要因が返すリアクションは、人が努力した結果と一致する必要がある。

　例えば、人が努力したことを称賛したりする行動は、創造過程において実際に価値があります。

　人間の進歩は、常にシステムの境界を突破し続ける結果です。これが創造とイノベーションです。

　創造力を最大限に引き出すのにどのような要因が有利ですか？
──2022年8月14日、WeChatモメンツ 匿名『BerkeleyのCSはなぜ優れているのか（第四章、黄金時代、高考）』を読んだ感想」

張　婧（ちょう・せい）

中国西安生まれ。専修大学日本語日本文学科卒業。来日20年以上。長男を育てることを通し、日本の教育事情及び自立学習を研究することに夢中になった。先生を困らせるほどの長男に中学受験を経験させ、中学受験を媒介として多くの弱点を克服し、志望校の合格及び自立学習のノウハウを身につけることを全力フォローした。母親の情報力は子どもの人生に大変役立つことを多くの母親とシェアしている。学習塾を経営した経験がある。現在在日外国人の教育事業を展開している。

許　傳儒（きょ・でんじゅ）

2001年に来日し、日本語学校を経て専門学校に入学しました。専門学校に通っている四年間に大学の通信教育コースも併修し、2007年に高度専門士と学士号を同時に取得できました。2009年立教大学経営学研究科を卒業し、修士号（MBA）を取得しました。のち、外資系IT企業に就職し、技術者として15年経ちました。自立学習は人生を充実させます。「充実」という言葉はいろいろな解釈ができると思いますが、その中で「もっと稼げる」という意味は最も現実的な中身でしょう。この本を手に取った方に「自立学習」という最良の祝福をささげます。

外国人母の教育ママ宣言
―― 受験情報満載 ――

2024年2月27日　第1刷発行

著　者　　　張婧（ちょう せい）／許傳儒（きょ でんじゅ）
発行人　　　久保田貴幸

発行元　　　株式会社 幻冬舎メディアコンサルティング
　　　　　　〒151-0051　東京都渋谷区千駄ヶ谷4-9-7
　　　　　　電話　03-5411-6440（編集）

発売元　　　株式会社 幻冬舎
　　　　　　〒151-0051　東京都渋谷区千駄ヶ谷4-9-7
　　　　　　電話　03-5411-6222（営業）

印刷・製本　中央精版印刷株式会社
装　丁　　　立石愛